复业思维

如何成为月入百万的斜杠青年

〔日〕藤村靖之 著

文君 译

中国出版集团 现代出版社

版权登记号：01-2022-5555
图书在版编目（CIP）数据

复业思维：如何成为月入三万的斜杠青年／（日）藤村靖之著；文君译. —— 北京：现代出版社，2023.3
ISBN 978-7-5143-9980-6

Ⅰ.①复… Ⅱ.①藤…②文… Ⅲ.①职业选择–通俗读物 Ⅳ.① C913.2-49

中国版本图书馆 CIP 数据核字（2022）第 194405 号

Original Japanese title: SHINSOBAN TSUKI SANMANEN BUSINESS
Copyright © 2011 Yasuyuki FUJIMURA
Original Japanese edition published by Shobunsha Co., Ltd.
Simplified Chinese translation rights arranged with Shobunsha Co., Ltd.
through The English Agency (Japan) Ltd. and Shanghai To-Asia Culture
Communication Co., Ltd.

复业思维：如何成为月入三万的斜杠青年

著　　者：〔日〕藤村靖之
译　　者：文　君
责任编辑：王传丽　王　羽
封面设计：Yuutarou
出版发行：现代出版社
通信地址：北京市安定门外安华里 504 号
邮政编码：100011
电　　话：010-64267325　64245264（传真）
网　　址：www.1980xd.com
印　　刷：北京飞帆印刷有限公司
开　　本：880mm×1230mm　1/32
字　　数：144 千字
印　　张：7.25
版　　次：2023 年 3 月第 1 版　　印　次：2023 年 3 月第 1 次印刷
书　　号：ISBN 978-7-5143-9980-6
定　　价：49.80 元

版权所有，翻印必究；未经许可，不得转载

在日本，以每个月做 10 项月入 3 万日元的"复业"，可以创造出 30 万日元的月收入。参考中国与日本的物价差距及现状，在中国每个月做 10 项月入 3000 元的"复业"，也可达成月收入 3 万元的生活模式。

目　录

前　言 / 01

第一章　什么是"月入3万日元的生意" / 001

一个月只赚3万日元 / 002

只做利他型的生意 / 003

愿意奉献的人会做 / 004

有爱心的人愿意购买 / 005

同时经营10项"月入3万日元的生意" / 006

节俭的生活方式 / 007

是"复业",不是"副业" / 008

共享生意 / 009

一个月内只入账3万日元 / 010

创造感动人的商品 / 011

合理的定价 / 012

联结顾客 / 014

不用网络销售 / 016

不用批发销售 / 017

不贷款 / 018

不贷款去制造产品 / 020

合作共赢 / 022

不需要营业费用 / 024

多交朋友 / 025

工作坊 / 026

有人情味的人际关系 / 027

生态村 / 028

区域货币 / 030

非营利组织 / 031

小规模经济 / 033

公共版权 / 035

第二章 "月入3万日元的生意"的实例 / 037

一天卖20个鸡蛋的生意 / 038

汽车电池再生的生意 / 042

销售稻壳隔热板的生意 / 046

有收益的街头表演 / 049

提供愉快建造石窑的体验 / 052

开办有机市集 / 055

提供共享孕妇装的生意 / 058

经营草砖房的简易民宿 / 061

只在周末营业的树屋咖啡馆 / 065

利用雨水的生意 / 068

供应木柴的生意 / 073

太阳能热水器生意 / 078

自产无农药绿茶 / 082

经营市民农园的生意 / 085

配送多余新鲜蔬菜的生意 / 089

配送有机便当的生意 / 093

安排环保屋巡览 / 097

帮人代购的生意 / 100

与酵母有关的生意 / 103

制作太阳能烤箱的工作坊 / 107

卖生的咖啡豆 / 110

第三章 在地方乡镇创造出工作的原则 / 115

经济高速增长所付出的巨大代价 / 116

重新激活 / 118

稻米脱壳俱乐部 / 119

有机咖啡的公平贸易 / 121

专门用来取得木柴的"柴薪山" / 122

自盖房屋 / 123

加强销售者和消费者之间的联系 / 125

激活生产、销售和消费者三方关系 / 127

复业化 / 128

一半咖啡馆，一半其他 / 130

有机农场志愿工 / 132

小型在地化 / 134

实现在地化的条件 / 135

推进在地化 / 136

自给自足 / 139

依赖型社会的形成 / 140

提升地方乡镇的自给率 / 141

九大类别 / 143

注意现实与理想的差距 / 144

包含五个要素的组合 / 146

免费提供专业知识 / 147

节约的生活状态 / 148

愉快地进行自给活动 / 150

减少支出的生意 / 152

初期投资和贷款为零 / 153

彩虹公司 / 156

在靠近乡下的地区开荞麦面店 / 158

定义地区 / 160

自己和顾客都在乡下 / 162

忘掉家乡 / 163

自己住乡村，顾客住城市 / 164

从乡村送货到大城市 / 167

推动人们去地方乡镇工作　/ 169

　　自建别墅村　/ 171

　　一定要有同伴　/ 174

　　愉快才是主题　/ 175

　　地方创意人　/ 177

第四章　不需要电力能源和金钱也能实现的富足　/ 181

　　那须的非电化工房　/ 182

　　文科毕业的妈妈制作不插电冰箱　/ 183

　　20万日元盖出不用电的稻壳屋　/ 185

　　15万日元盖出不用电的小澡堂　/ 188

　　15万日元盖出不用电的简易型民宿　/ 190

　　10万日元盖出不用电的生态厕所　/ 193

　　15万日元盖出不用电的温室　/ 195

　　驹之根市的道格拉斯·菲尔　/ 198

　　佐贺县三濑村的小野寺睦先生　/ 203

　　巴拉圭竖琴演奏家仓品真希子　/ 206

　　福岛县川内村的大塚爱小姐　/ 208

　　那须町的奥永先生　/ 213

后　记　/ 217

前　言

"月入3万日元的生意"是指一个月只赚3万日元的生意。这类生意的特点是只做好事，可选择的范围也很多。作为主要竞争市场之外的生意，一个月只赚3万日元是无法引起脑满肠肥大叔的兴趣的。

可能有人会问："一个月只赚3万日元怎么生活呢？"假如一个月做10项"月入3万日元的生意"呢？这样算起来，一个月的收入就有30万日元。[1]如果还能同时减少支出的话，那么，即使是做5项"月入3万日元的生意"，也能存下钱来。

也许有人会持怀疑态度，"逐二兔者不得其一，更别说是逐十兔。"如果是一般竞争型生意，这样的情况的确会发生。但"月入3万日元的生意"是利用人们的空闲时间，在闲置的场地进行。如果分配合理，完全可以同时做好几项生意。这种生意不能称为"副业"，而是"复业"。

一个月只赚3万日元的生意是利他型的小众经济，不会产生激烈的竞争，往往需要和同伴合作，一起生产商品，互相协助，

---

[1]　据日本厚生劳动省2016年7月资料，日本劳工平均薪资约为37.38万日元。

或许还能形成"共享生意"。

现在,经济全球化的未来并非一片光明。很多年轻人为了追求真正的财富自由,开始朝着在地化[1]发展。也许要不了多久,地方经济自循环的社会形态可能就会到来,地方乡镇也会产生很多就业机会,只是现在还没有发展到那个程度,地方乡镇的就业机会还没有那么多。很多年轻人满怀希望回家乡寻求发展,但由于找不到合适的工作和发展机会,只好又返回大城市。这也是当下日本的现状,令人遗憾。这些重返大城市的年轻人,难以承受大城市高昂的生活支出,日日疲于奔波,很难开心地工作。

要想通过做好事,快乐地赚钱,需要你拥有足够的智慧和合作伙伴,我写这本书的目的,就是要为大家提供一些参考和建议。

在第一章中,我总结了"月入3万日元的生意"的内涵。在第二章中,我介绍一些可供参考的案例,但这只是抛砖引玉,更多"月入3万日元的生意"还是需要你们自己去创造。

我经营着一家学堂,它比较特别,是一家"地区工作创造学堂"。第三章的内容,是我整理出的一些学员做生意的原则。这些原则也仅供参考,不一定要完全照搬。

---

[1] 在地化(Localization)是相对于全球化而言的另一种趋势和潮流,是指在一个国家或地区内,任何一种经济或商品流动,必须适应地方需求,才有可能加速发展。

另外要说明的是，这种"月入3万日元的生意"必须与节俭的生活方式结合。这可能不容易被人接受。很多人会认为这样的生活方式缺乏幸福感。所以，在第四章中，你可以看到一些不靠电力能源和金钱也能够拥有富裕生活的实例。

我由衷地希望世界上能够有更多的"共享生意"，而不是"竞争性的生意"。如果这本书能为有需要的人们提供一些参考，我会非常高兴。

只做利他型的工作，不恶意竞争，懂得共享。这就是做"月入3万日元生意"要掌握的原则。

藤村靖之

第一章

什么是"月入3万日元的生意"

一个月只赚 3 万日元

"月入 3 万日元的生意"就是在一个月里只能赚 3 万日元的生意。因为一个月只赚 3 万日元,所以那些有钱人连看都不会看的,哪怕经济全球化的触手已经伸向各个角落。所以这种生意没有竞争,也就有了更多的选择。我曾与 10 位学员一起头脑"风暴",仅用两个小时就想出了 50 多种"月入 3 万日元的生意"。

这里所说的 3 万日元,是用你的收入减去制造成本或进货价所得出的数额。用会计术语表达,就是毛利。这笔钱可以用作生活费。

月入 3 万日元的生意	竞争型的生意
一个月只赚 3 万日元	赚大钱

只做利他型的生意

"月入 3 万日元的生意"只选择利他型的生意去做。利他就是能够为他人和社会创造幸福感。所以这类生意需要找出他人和社会不幸福的原因,并想出对应的解决办法。

"经济富足就可以感到幸福"是我们普遍的想法。但当我们为了这个想法努力时,却发现事实并非如此。虽然需要幸福感的事情很多,这种生意的选择很多,但都没什么利润。因为客户大多也不富裕,所以才会一个月只赚 3 万日元。

做利他型生意的企业,称为社会企业,以此创业的人则被称为社会企业家。2006 年,孟加拉乡村银行创办人尤努斯获得诺贝尔和平奖,他就是社会企业家的代表。这说明,时代的发展推动了社会企业发展。

月入 3 万日元的生意	竞争型生意
主要为利他	主要为赚钱

愿意奉献的人会做

愿意做利他型的生意,一个月只收入3万日元的人,一定是个有爱心的人。他们不喜欢恶性竞争,甚至厌恶通过牺牲他人的幸福来获得财富。他们希望在追求幸福和富足的同时,也让他人和社会变得富足。因此,愿意奉献的人会做"月入3万日元的生意"。

总会听到有些人不屑地说:"做生意怎么会如你想的那么简单?"难道做生意一定要野心勃勃、为赚钱失去道德底线吗?不知从什么时候起,商业成了不顾道义的竞争,而且这种逻辑似乎已持续很久。

这种不良的竞争让很多人感到厌恶,逐渐有人开始抗拒。于是,做好事赚钱的例子也开始变多,所以这种想法绝对不是异想天开。

月入3万日元的生意	竞争型生意
愿意奉献的人会做	任何人都可以做

有爱心的人愿意购买

愿意奉献的人将做好事变为生意,成就了"月入3万日元的生意"。

只要是生意,就会牵扯到销售产品。产品既可以是物品,也可以是服务。做这生意的人可能会忽略一些细微的地方,有些商品可能不是很精美。因此购买这些商品的人,也一定是有爱心的人。正因为知道这种商品的实用价值,才会不计较细枝末节和价格。

达到这样的关系,买卖双方也就不必将彼此视为对立关系,或许会成为合作伙伴,彼此分担商品的制作、运输、使用和维修等环节。这也被称为"顾客体验型生意"。作为没有任何欺骗的伙伴,即使禁不住诱惑也不会做不好的事情。通过双方的努力提升商品的精美度,扩大宣传,也让彼此的联结更加紧密。

月入3万日元的生意	竞争型生意
有爱心的人愿意购买	所有人都会购买

同时经营 10 项"月入 3 万日元的生意"

可能有人会说:"一个月只赚 3 万日元怎么生活!"其实,这已经超过世界平均月收入,只是日本人的支出特别多。

若做一项不够,那 10 项"月入 3 万日元的生意"一起做呢?这样,一个月就能赚 30 万日元。虽然这样的收入在大城市不够用,但是在乡村呢?自己能够盖房子、生产粮食和能源。在做这些事情的过程中能够享受快乐,因此不必再花额外的钱去娱乐。另外还能享受与人互动的快乐,节省其他社交上的开销。因为我们的支出少,所以收入少也就不会影响生活质量。这就是住在乡村的状况,也许每个月还能有 20 万日元的剩余。

月入 3 万日元的生意	竞争型生意
3 万 ×10=30 万日元	一项生意做大赚多

节俭的生活方式

对于"月入 3 万日元的生意"来说,重中之重是节俭的生活方式。

我们想要创造更多的空闲时间,并在这些时间里做节俭的事,比如种植谷物和蔬菜、制造能源。如果自己无法完成,就找同伴一起完成。有了同伴的帮助,盖间房子这件事很容易完成。

我们的支出项目,包括衣、食、住、行、能源、医疗、资讯、教育、娱乐、职工薪酬、缴税等。想要减少支出并没有那么困难,但想要开心地去做就没那么容易了。做得不开心就会在其他事情上增加开支,既浪费时间又浪费金钱。再者,克服同时兼顾10 项生意的困难、与同伴合作——我们要在这两个难题上运用智慧。

月入 3 万日元的生意	竞争型生意
花最少的钱让自己快乐	为了支出而赚钱

是"复业",不是"副业"

日本有句谚语:"逐二兔者不得其一。"那么,我们如何逐10只兔子呢?在一般竞争型生意中,同时"逐二兔"就没有办法在竞争中胜出。而"月入3万日元的生意"是我们利用闲暇时间做的,我们本身就有闲暇时间。只要分配合理,同时经营多项生意很容易,所以是"复业",不是"副业"。

文明兴盛的结果必定走上分工化的道路。而这个文明是否兴盛,在于它的价值观、社会形态和文化等是否已经确立,人们的身份与收入是否稳定,有没有改变的必要。当不需要改变时,社会就逐渐走向分工,每个人都会变得轻松,效率也更高。而在目前这个文明转型期,就会走向复业化,这也许是时代的必然。

月入3万日元的生意	竞争型生意
复业	单一、专业

共享生意

"月入3万日元的生意"不存在恶意竞争,因此能互助共赢。如一共20人,我们每组两人分成10组。每组花一年时间去经营一项"月入3万日元的生意",再将生意模式分享给其他9组,如采购的商品或专业知识等。

如此操作,那么一年后,这20个人就都有了10项"月入3万日元"的生意,而且这些生意不存在竞争,是互利共赢的生意。

不过,我们也要避免很多人在同一个小地方做同样的生意,否则会演变成竞争型生意,引发价格战,导致"月入3万日元的生意"变成"月入300日元的生意"。

月入3万日元的生意	竞争型生意
互利共赢	互相竞争

一个月内只入账 3 万日元

如果你很努力,那么这种"月入 3 万日元的生意"也许能赚得更多。即便如此,我们也须在必要的时候忍耐,不要赚更多。如果你的生意能月入 6 万日元,不如找个伙伴加入,每个人赚 3 万日元。

竞争型生意通常会先将市场做大做强,增加顾客,再通过竞争达到独占市场的目的。但长时间与很多人维持有人情味的互动关系是个人或小企业无法做到的。

对于"月入 3 万日元的生意"来说,长时间维持有人情味的互动关系倒是重点。因此我们并不将重点放在扩大市场上,这也是贪心的大叔们不会去做这生意的原因。

月入 3 万日元的生意	竞争型生意
不独占	扩大市场后独占

创造感动人的商品

"月入3万日元的生意"的商品还不足以成为商品,所以不一定总能赚够3万日元。我坚信创造新商品的铁律是"针对强烈的潜在需求,创造感动人的商品"。因此,40年来我一直在创造新东西。

当无法获利时,我们要确认有没有"强烈的潜在需求",也就是确认商品能否"感动人"。

当你沉浸于自己创造的商品时,很容易忽略别人的建议。所以,我们首先要做到的是,努力并仔细倾听他人的建议。如果这个商品可以在100人里感动3个人,那么这个商品就没问题。

月入3万日元的生意	竞争型生意
针对强烈的潜在需求,创造感动人的商品	销量大的商品

合理的定价

我们做出的东西若能在 100 个人中感动 3 个人,那么这个东西就有成为商品的资格,但这并不表示会有人购买。而问题就出在定价上,可能是太贵。

我们做生意就要"通过提供商品,给顾客带来价值,给企业带来利润"。商品的价值若高于定价,顾客自然会购买;若价格大于成本与费用的总和,那么企业就会有利润。这个人人都知道的道理,却总是容易被忘记。我当了大概 20 年的新事业审查员,审查的 2000 件提案中仅有 5 件提案的创业者没有忘记这个道理。

做生意通常会先确定成本和费用。而价格由成本、费用和利润决定。确定下来价格,再去绞尽脑汁地游说顾客,让他们觉得这个商品的价值比价格高。以这种模式做生意的人很多。可是,要用这种方式销售产品,只能在消费者都很富裕的情况下才行得通。因为相对富裕的时代曾持续一段时间,所以这种经营方式一直存在。

我们真正要做的,是先确定商品的价值。价值并不是自己想怎么定就怎么定,而是由买家来决定的。继而定出比顾客认为的价值还便宜的价格,并充分利用自身的智慧制造和销售商品,使成本与费用的总金额低于价格。只要我们好好地运用智慧,在很多情况下我们都能够解出这个方程式。当无法解开时,要问问自己有没有充分思考。实在解不开就叫同伴一起来头脑"风暴"一下。

所谓的做生意

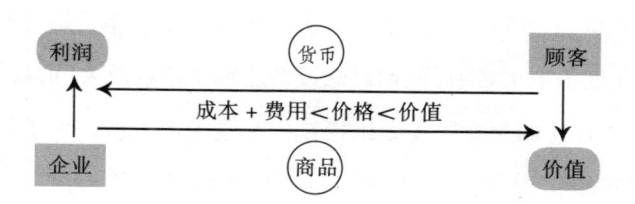

利润 ← 货币 ← 顾客
企业 → 商品 → 价值

成本 + 费用 < 价格 < 价值

月入 3 万日元的生意	竞争型生意
以低于价值很多的价格销售	以能赚钱的价格销售

联结顾客

如果价格也合理，我们的商品可以感动100个人中的3个人，那在1000人里就能感动30人，也就是说1万个人中我们就有300个顾客。若一个月无法赚3万日元，那就是客流量不够。在竞争型生意中，他们只想遵循逻辑将市场做大。而我们"月入3万日元的生意"需要维持在一个范围内去做，为了保证有人情味的互动关系，也就不能随意增加客流量。

所以要怎么联结顾客呢？

举个例子：a出售A商品，b出售B商品，c出售C商品，3个人每人每月都只赚1万日元。既然能赚1万日元，就说明他们的商品和售价都没问题，只是客流量不大。所以当b和c将商品卖给a的顾客，a也诚心将自己的顾客免费介绍给b和c，那么他们就达成了合作。而合作的前提也就是坚持免费的原则，若不免费，就无法真心合作。所以3个人的顾客若能成为彼此的顾客，那他们就能同时一个月赚3万日元。这就是联结顾客的生意。

虽然竞争型生意也会有类似的运作方式：a跟b采购商品，卖给自己的顾客，b也能获利，却提高了商品的价格。而且，虽然他们利益相连,但心却不在一起。这种生意没有办法持续下去。

月入 3 万日元的生意	竞争型生意
彼此分享顾客	抢夺顾客

不用网络销售

网络销售与店铺销售不同，它不需要店面装潢和硬件设施，也不需要店员和广告。只要受欢迎，就算知名度不高也能大量销售。就算没钱、没名气，只要得到大众的肯定，也能在不必承担很大风险的情况下售卖商品。这也是网络销售吸引人的地方。可这种方式对于"月入3万日元的生意"来说，并不适用。

在"月入3万日元的生意"模式中，有越来越多不同地区的人卖同样的商品。如果大家都用网络销售来经营，就会引发低价战，开始互相争夺顾客。所以，做"月入3万日元的生意"不能用网络销售。

"月入3万日元的生意"要尽量避免适合网络销售的商品。那些具有能远距离销售、不需要售后服务、没有"后续麻烦"、买卖双方越不认识彼此越好、不用花运费等特点的商品，才是适合网络销售的商品。我们"月入3万日元的生意"就需要避开这些商品。

月入3万日元的生意	竞争型生意
不用网络销售	可用网络销售

不用批发销售

用打印纸举例,过去日本打印纸的流通模式是造纸厂将打印纸卖给大型批发商,然后再层层依次向下销售。最终到使用者的手上时共经过了7次销售,因此A4尺寸的打印纸一张是2.5日元。后来另一家公司直接与造纸厂合作,将打印纸直接送到使用者的手上,一张A4尺寸的打印纸的价格也降到了0.5日元。他们自豪地称之为"渠道革命"。打印纸的流通方式虽然已经开始革命,可其他商品的渠道却还未开始革命,依旧遵循着高度成长时代的方式。

"月入3万日元的生意"不在商品流通上花钱,既能降低商品的售价,还能将制造者和使用者的心联系在一起。

月入3万日元的生意	竞争型生意
直达顾客	完整的商品流通渠道

不贷款

在竞争型生意中，贷款经营很常见。拿制造业来说，可以用贷款购买生产设备和材料。想用更低的成本制造出更好的商品，就需要采购更高端的设备和材料，这就是贷款的原因。用贷款租用店铺，只要在闹市的黄金地段开一家豪华的店面，就有了客流量，这也是贷款的原因。再拿医院来说，谁有最先进的医疗设备，谁有权威的医生，谁就能吸引大量的患者来就诊。说极端一些，谁贷款多，谁的竞争力强，谁就能成为胜利者。再极端点说，国家经济规模越庞大，贷款总额就越多，这种情况就会很麻烦。

贷款后你就需要定期还款，你就需要有固定的收入。你的生意做得好，那很幸运。如果做得不顺利，只是勉强经营，就会变得很痛苦。除了你的贷款，还有你的固定开销，也就是固定成本，例如，薪资、房租、经营者个人的生活费等，这些都在压迫着你。

"月入3万日元的生意"无法成为稳定的生意，而且我们的固定成本也趋近零。所以不能贷款。为了维持有人情味的互动关系，不让经营者累积压力，"月入3万日元的生意"不能用贷款的方式经营。

我们没有固定生意，就没有办法维持生计，最后就一定要贷款不是吗？是的。所以，要做好"月入3万日元的生意"，必须有以下3个前提。

①节俭的生活方式。花得少，就算收入不稳定也够生活。

②固定成本接近于零的商业模式。寻找一些有空闲的人，如果是好的、愉快的事情，他们会很乐意接受低薪。

③复业，也就是同时做多项生意。只有一项生意就会出现销售额不稳定的状况，多项生意就能够分散风险，一定程度上能够维持稳定的收入。

月入3万日元的生意	竞争型生意
固定成本为零，不贷款	既要贷款，也要支付固定成本

不贷款去制造产品

设备、工具、材料、好的技术人员，这些都是制造产品所必不可少的，也是必须投资的，但利润只有卖掉产品才能获得。所以在制造业中，贷款周转也是常用的办法。而"月入3万日元的生意"只卖不贷款就可以制造的产品。

我这里有很多不贷款就能制造的产品。比如后面章节即将详细介绍的稻壳隔热板，所用的材料都是农家有的。农家制作好后存放于谷仓，有订单后就自己送货上门。利用自身已有的闲置设备和人力，既不必贷款，也没有额外支出，这就是不贷款生产产品的一种方式。

当然，我们也可以采用委托当地小型工厂制造的方式，毕竟中小型工厂因为工作量的减少，变得比较闲，而且这种情况还会持续下去。可就算如此，你只委托做一两件商品，他们并不会接受。所以我们就可以将"月入3万日元的生意"团购化。

假设一个人一个月只要能卖出去3件商品就可以赚300日元，当他独自去委托小型工厂肯定会被拒绝，因为一个月只做3件商品会入不敷出。那么100个人一起委托呢？这并不是共同采购，而是共同委托制造。这样每两个月制造一次，一次做600

件，工厂的经营者就会很愿意在空当时间接下这笔生意。

在我的学员中，大约有200人是中小型制造业的经营者，他们中大部分人因订单减少而烦恼，所以他们会很愿意接受一次生产600件产品的委托订单。

月入 3 万日元的生意	竞争型生意
不贷款去制造产品	贷款制造产品

合作共赢

在日本，制造业的分工非常细。用板状金属加工的钣金业举例，板状金属折弯、开孔、焊接、涂装等工序，都由不同的公司来完成。这种分工与意大利和德国完全不一样。想来，日本之所以分工如此之细，可能是有利于经济高度增长。所以，我们委托某家中小型工厂，对方也可能会因为没有能力生产而拒绝。那么，让小型工厂一起合作会怎么样呢？前段时间，我在宫崎县一个中小型工厂经营者团体中提起这个建议，他们听后都很高兴，因为他们虽然组成了团体，却还没有找到合适的合作方式，只是经常聚在一起喝酒聊天而已。

日本中小型工厂接的订单，大部分是大企业的外包订单，负责生产流程中的某个环节，跟产品的最终使用者没有什么直接联系。若这些大企业突然将生产转移到国外，那么这些中小型工厂就会陷入窘境。这是日本中小型工厂目前面临的事实，而且这种趋势还会持续下去。

但中小型工厂想要扩大制造范围，与客户加强联系也不难。我提出了合作发展思维——中小型工厂联盟，以及经营"月入3

万日元的生意"的联盟,这也许是让中小型工厂复活的契机。

月入 3 万日元的生意	竞争型生意
合作共赢	互相争夺

不需要营业费用

想要给商品定价,你需要计算制造成本、费用与利润。当你的费用过高时,定价自然也会随之变高。而营业费用在整个费用中的占比是最大的。拿住房来说,日本的房价是美国的2倍,导致这个情况的原因之一就是营业费用占了全部费用的1/3。再比如家用电器,众所周知,家电的制作成本约为一般零售价的20%,而包含流通费用在内的营业费用就占了剩下80%的一半。又或者拿家具来说,家具店的进货价约占定价的30%,剩余的70%也就是需要大型空间展示家具,或时间久远家具变旧无法销售时的营业费用。网购家具之所以便宜是因为他们不需要展示的场所,也没有库房成本。

现在是经济高速发展的时代,即使营业费用高,产品仍然能以高价卖出。实际上,经济规模就是在这种做法下扩大的。而"月入3万日元的生意",营业费用几乎为零。

月入3万日元的生意	竞争型生意
不需要营业费用	营业费用占比大

多交朋友

如何让营业费用趋近于零,首先是控制商品的流通费用。不用经销商,也尽量不快递商品。但既然是做生意,就必须让别人知道商品的价值。

那么,不花钱怎么做宣传?首先,我们要联系朋友,让他们试用产品,了解产品的优点。假设100个朋友中有20个人认可了商品的价值,就请这20个人分别再带10位朋友来试用。至于表示感谢的方式,用心感谢就可以了,不能用钱来感谢,否则这个方法就会失败。这样一来就能接触到200人,假设他们中又有40个人体会到了商品的价值,加上最初的20个人,就是60个人。朋友会因此越来越多,而且节省了宣传费用。

在竞争型生意中,为企业带来利润的顾客就是上帝,卖方在地位上处于下风。而在"月入3万日元的生意"中,没有上帝,只有朋友,在平等中交易。

月入3万日元的生意	竞争型生意
通过朋友传播	花钱宣传

工作坊

"月入 3 万日元的生意"多以工作坊的形式出现。工作坊就是一群人一起工作的形态。比如草砖房工作坊、树屋工作坊、生态厕所工作坊、石窑工作坊等。我以前开办过很多种工作坊,大概有 200 次吧。

在这些工作坊中,参与者都很团结,很友好,不计较个人得失、不在乎头衔,一起做事的过程令人心情愉悦,一起挥汗如雨,共同完成优秀的作品,彼此的感情当然会变得更好。

所以,与其销售他人的产品,不如大家一起制作产品。只要有合适的场所、工具、材料、教材和指导者这 5 项元素,就可以成立工作坊。当然,我们也要向参加者收费,不过,请控制在 3 万日元以内。

做工作坊最重要的一点是要愉快。不必像理工科出身的大叔们一样,事事追求完美。成立工作坊,请把主要精力用在营造愉快的氛围上。

月入 3 万日元的生意	竞争型生意
愉快是重点	赚钱是重点

有人情味的人际关系

竞争型生意，会使人们将工作、兴趣爱好、社会活动等分开去做，社会活动所占比例较小。他们认为社会活动之类的事情是赚钱之外的事。再者，他们往往会将赚到的钱投入到个人喜好中。

"月入3万日元的生意"则与之相反，人们会将工作、兴趣爱好、社会活动合为一体，因此社会活动占比很高，合作伙伴也会成倍增加。"月入3万日元的生意"是互助型生意，当合作伙伴有困难的时候会提供帮助。因此，合作伙伴越多，"月入3万日元的生意"就会越好，工作与社会活动间能够互相推动。

月入3万日元的生意	竞争型生意
参与社会活动	不参与社会活动

生态村

现在，建设生态村已是一种社会趋势。据统计，全球已经有1.5万个生态村。虽然有越来越多的人质疑经济全球化，但要让整个国家很快实现在地化也不是一件简单的事。于是质疑化为焦虑，而建设生态村就是人们焦虑的一种表现。认可这种理念的人觉得，就算在很小的范围内实施这个理想也挺好，他们只是想打造一个共生的社会环境，回归自然。

"转型城镇"[1]也日渐活跃起来，如"转型城镇叶山"。神奈川县叶山町的约300位居民，他们都有自己的家，但都会愉快地参与共同的活动，如种蔬菜、制作有机肥料等。生态村或转型城镇有加速发展的趋势，这也许是件好事。

自给自足是生态村最希望形成的状态，这样就不需要支出太多。由于和他人合作，身心得到愉悦，每个人也就不需要另外花钱去娱乐。所以，收入少也不影响什么。人与人之间关系

---

[1] 转型城镇指为了朝无石油社会推进，居民发挥创意和巧思，使地区资源得到最大化利用的草根型运动。这个运动最初是由英国人罗伯·霍普金斯于2005年秋天，在英国南部德文郡的小镇托特尼斯推行。不到3年时间，此活动已扩展到欧洲、美洲、大洋洲各国，以及日本。

融洽，做喜欢且有意义的事等，生态村完全符合"月入3万日元的生意"的前提条件。两者看起来很匹配。

可在我看来，一个生态村若是缺少"可愉快赚钱"这个点，最后可能会变成老年人或者是有钱人生活的地方。这是因为生态村内很难完全做到自给自足，像医疗、资讯、教育等，都避不开用钱，所以没有工作可谋生还能愉快生活的就是靠存款或养老金生活的人。

如果在生态村中能愉快地赚钱，就可以聚集一大群年轻人或没有钱的人。比如住在生态村里的人思考"月入3万日元的生意"，然后赚取生态村外面居民的钱。还有，联合几个生态村，将"月入3万日元的生意"做强做大。

月入3万日元的生意	竞争型生意
适合转型城镇	不适合转型城镇

区域货币

在日本，区域货币也掀起了一股热潮。据统计，全日本的区域货币多达 630 种。我身边也有很多人发行区域货币，他们乐于推动"从好人和好工作中见效益"，而不是"从有钱人和不喜欢的工作中见效益"这类活动，很有意义。

区域货币只是一种手段，创造出好工作、好的人际关系才是它的主要目的。

若是颠倒了手段和目的，那么辛辛苦苦发行的区域货币就会丧失原本的功能。偶尔有区域货币变成目的的状况，看到这样的情况令人很遗憾。出现这种情况的原因，一定是很难创造出好的工作机会。不如用"月入 3 万日元的生意"这个概念找出更好的工作机会，然后再来谈区域货币问题。

月入 3 万日元的生意	竞争型生意
适用区域货币	不适用区域货币

非营利组织

在日本,经过认证的非营利组织(Non-Profit Organization, NPO)大约有3.2万个。非营利组织就是"不以营利为目的的公益团体"。这些团体具有公益性,不会将自身利益放在首位,而是会将社会利益放在首位。这类团体不断壮大,会对社会产生好的影响。另外,非营利组织的成员也会展开互利合作。这种局面会让人对未来充满希望。

非营利组织的数量不断发展壮大,我希望第一代非营利组织职能向第二代非营利组织转变。第一代非营利组织是依靠义工、募捐和救助金维持运作,这种模式虽然很好,但也有局限性,能做的事很少。

第二代非营利组织主要是由该组织的工作人员组成,能全心全意地致力于非营利组织的工作。当然,第二代非营利组织也接受义工、捐款和救助金,同样是社会利益高于组织利益,但他们的工作领域更广泛。在美国,在非营利组织工作并领工资的人,占全国工作者的10%左右。虽然没有看到详细数字,但我认为日本的占比应该不到0.1%。我很期待在不久的将来,日本的数值能够很快赶超美国。

非营利组织不赚钱,是因为人们做好事耗尽精力了吧。"月入 3 万日元的生意",也是人们把好事作为生意,也是不擅长赚钱的人做的事业,符合非营利组织的属性。所以,非营利组织也可以尝试"月入 3 万日元的生意"。

月入 3 万日元的生意	竞争型生意
适合非营利组织	不适合非营利组织

小规模经济

我在演讲中曾经提到"月入3万日元的生意",却遭到了做大生意人的斥责:"做这种生意,只会让日本的经济规模越来越小!"

不过,我想解释一下,如果有20万人分别从事5项"月入3万日元"生意的情况。这只是一种夸大的假设,实际人数也许没有这么多。在这种情况下,20万人一年创造的收入就是3600亿日元。再假设"月入3万日元的生意"能取代现有的商业活动,但由于不需要营业费用,即使经济规模减少一半,也就减少了1800亿日元。日本国内生产总值(GDP)约是500万亿日元,所以减少的部分只占了0.04%,完全无足轻重,这是做大生意的人不会在意的金额。但是,尽管这些小生意无足轻重,却解决了20万人的工作问题。

还有,我从来不认为"月入3万日元的生意"在夺取现有的市场,更多的是创造了新的生意。就如我们前面所说的,假设这其中有一半是新创造出来的经济形态,那么经济产值就会增加1800亿日元,减少的是900亿日元。合计下来,经济效益增长了900亿日元。虽然这些数字微不足道,但很能说明问题。

还有个消息,根据日本政府2010年9月8日的内阁决议,计划从2010年度的储备金中拨出9150亿日元,用以增加以就业人口为主的经济主体,整体投入资金增加至9.8万亿日元,从而创造出20万个就业机会。

月入3万日元的生意	竞争型生意
经济规模小	以经济增长为目的

公共版权[1]

我从音乐家坂本龙一那里了解了公共版权（copyleft）的意思。坂本先生认为爱与和平应该永远是音乐的主题。但现实情况却相反，在音乐世界中，跟爱与和平相抵触的利益争夺不断发生，也就是著作权纠纷。

为此，坂本先生与许多世界级的音乐家一起提倡了"公共版权"的概念。他们将自己的作品性质划分为"有版权"和"公共版权"两种类别。"有版权"的作品版权是音乐家个人拥有的，不允许抄袭。但"公共版权"作品，是允许他人借鉴和合理使用的。

坂本龙一和音乐家们提出"共享创意"的初衷，是其他人在使用公共版权时，不要完全模仿，要在作品中加入自己的创意后发表。这种借鉴他人智慧创造出来的作品，版权性质都是公共版权。这样就能不断创作出新音乐，也能使音乐回到爱与和平的主题。这种版权模式是在网络时代才出现的文化现象。

---

[1] "公共版权"一词，最早是在1984年由美国计算机软件界开始提倡。一般认为出自程序设计师理查·史托曼提出的"Copyleft-all rights reversed"（公共版权—撤回所有权利）的用法。这是从表示著作权时常使用的"Copyright-all rights reserved"（著作权—保留所有权利）转化而成的词汇。——原书注

坂本先生和音乐家们的建议，启发了我的灵感：在发明家的人群中，我也是个前辈，所以我也想把公共版权的模式引入发明界。这样，充满爱与和平的发明就能不断地被创作出来。

如果在"月入3万日元的生意"中，大家都积极提倡公共版权，且共享创意，就会产生更积极的意义。比如当一个人创意出来一项"月入3万日元的生意"，公开推广，让很多想创业的人都了解，并允许他们效仿。这些人从中得到启发以后，再想出新的"月入3万日元的生意"，然后通过实践去证明这项生意的关键点在这里，大家可以尝试一下。这种爱与和平的生意模式如果能不断地传递下去，获益的人就更多了。

听了坂本先生的话，我马上有了新的灵感：在发明家的世界里我也是老前辈，所以，也要将公共版权的做法带入发明界。

如果在"月入3万日元的生意"中也融入公共版权和共享创意的思维，那就更好了。这样，当一个人想出一项"月入3万日元的生意"，公开发表后，让他人知道可以效仿。其他人从中得到灵感后，再想出新的"月入3万日元的生意"，也加以实践推广："这项生意的重点在这里，大家也来试试看！"如果同时还能形成爱与和平的生意模式就更好了。

月入 3 万日元的生意	竞争型生意
公共版权	有版权

第二章

"月入 3 万日元的生意"的实例

一天卖 20 个鸡蛋的生意

在日本，鸡蛋的价格非常便宜，1 千克卖 207 日元，一个鸡蛋约 15 日元。这是 2009 年日本的鸡蛋平均价格。之所以便宜，是格子笼饲养鸡的缘故。格子笼饲养的鸡，数十万只甚至是数百万只鸡都饲养在连窗户都没有的建筑里，人们用电灯模拟日照。这种犹如自动化工厂的饲养方式已经很普遍，一年的产蛋率高于 95%。所以鸡蛋价格便宜、卖得好，这种饲养方式被大量采用。

另外，每个卖 35～60 日元的鸡蛋，销量也很好。这种鸡蛋不是来自格子笼饲养的鸡，而是用平饲法（日式放牧法）养的健康鸡。据说，食用这种鸡蛋不会有胆固醇过高的问题。所以，即使价格略高，销量也会很好，毕竟有不少人希望吃上令人安心的鸡蛋。

或许可以来经营"一天卖 20 个鸡蛋的生意"。养 30 只左右的母鸡，而且以平饲法饲养。准备一块足以让鸡自由活动的宽敞空间。虽然说是宽敞，但也只需 30 平方米左右。同时还须注意避免鸡被黄鼠狼吃掉。另外，还要准备可让它们自由进出，且冬暖夏凉的鸡舍。请试着使用被动式太阳能[1]的设计或以稻壳隔热的方法等来建造。因为，即使是鸡，也喜欢凉爽的夏天和温暖的冬天。

另外，也不要用花钱的方式喂食营养均衡的饲料。粗略估算，一只蛋鸡平均每天要吃60克的饲料。毕竟一只鸡每年要生产大约是其体重10倍重的鸡蛋，所以食量较大。30只鸡的话，一天就要1.8千克饲料。据说，一个日本人每天制造的厨余是0.3千克，1.8千克相当于6人份。光靠一个家庭制造出来的厨余并不够。

如果能与经营餐厅的人一起做复业，就能一石二鸟。比如，3个人一起合作，其中1人使用3间餐厅的厨余来做"一天卖20个鸡蛋的生意"。这也是"月入3万日元的生意"有意思的地方。

不能只让鸡吃好的食物并注意营养均衡，最重要的是不要让鸡有压力，如此才能产出真正的好鸡蛋。好的鸡蛋一个可以卖到50日元左右。一天生产20个，一个月600个，卖给5～10位朋友。可以像送报纸一样，每天配送刚采集的鸡蛋，也可以收集10～20个再一起送。以这样的方式月赚3万日元。

大约50年前，每户人家都会养10只左右的鸡，也不觉得多么辛苦。鸡在院子中到处乱跑的情景，看起来也不错。事实上，养30只左右的鸡，辛苦程度和养10只差不多。

---

[1] 被动式太阳能指的是不需要转化太阳能，而是直接利用。例如，通过阳光照射使房子变暖。

这个商业模式或许只适用于和小城市相邻的地区。如果一个地区周边都是乡村，恐怕找不到会买50日元一个鸡蛋的人。与社会活动或文化活动挂钩，也是个好办法，这样一定能找到5个或10个了解好鸡蛋价值的伙伴。拿我自己来说，由于我太太知道自己的胆固醇较高，于是我们就固定食用以平饲法生产的鸡蛋。

　　若收集30只鸡的粪便，并做干燥处理，大约一年能收集200千克。干燥的鸡粪是含有氮、磷酸和钾的优质有机肥料。这对种蔬菜或谷物的人来说，做这项生意是一石二鸟。如果要种植够四口之家吃的蔬菜和谷物，只要有200千克干燥鸡粪和200千克草木灰（含有钾）就足够了，不需要再花一毛钱买肥料。如果在大卖场买200千克干燥鸡粪，则需要花4000日元。

　　鸡还是用平饲法饲养比较好，对人体健康、环境以及鸡都好。所以，我觉得这项"月入3万日元的生意"是个好生意。

▲使用被动式太阳能技术的鸡舍（非电化工房供图）

一天卖20个鸡蛋的生意

- 一天卖20个鸡蛋的生意（一个50日元）

  50日元 × 20个 × 30天 = 月入3万日元

- 顾客居住在城市，有5~10人

  一起参加社会活动或文化活动的伙伴

- 重点

  ①平饲法产出优质鸡蛋

  ②用好饲料：以厨余为主

  ③自己打造冬暖夏凉的鸡舍

  ④销售至邻近城市

  ⑤鸡粪用来作为有机肥料

汽车电池再生的生意

汽车电池（铅酸电池）的平均寿命为 2~3 年。之后车主每次大约要花 1 万日元购买新的电池。这些看似无法再用的电池，绝大多数是能够回收再生的。制作再生电池的设备售价 500 万日元以上，500 万日元想要回本并不容易，因此，很多人不想做这项生意。如果设备售价只要 5 万日元，情况就会不一样。这种电池再生的生意在非洲国家也能做成，现在尼日利亚有 3 个大城市使用日本制造的电池再生设备，经营电池再生生意。蒙古国的乌兰巴托也有实例。

假设在地创业家用 5 万日元购买了这台设备，并告知 400 位熟人："如果你们的汽车电池不能用了，请告诉我。我能用买一块新电池的半价帮你们再生电池。"假设 400 个人中有 216 人真的这么做，而他们的汽车电池平均 3 年需要再生一次，那么一个月就有 6 位客人。帮一位客人的汽车电池再生，能收取相当于新电池一半的价钱，也就是 5000 日元，一个月就有 3 万日元收入。

工作方式很简单，只要将设备和电池接在一起即可。一个小时后确认状况，半天到一天电池就能再生完成。这项工作可利用空闲的时间做，因此费用可视为零，同时也能和其他生意并行。顾客如果没空等半天到一天，就借给他们替代电池，这样一来，作业时间更不受限制，也能轻松兼顾其他"月入3万日元"的生意。一台5万日元的电池再生设备也可以多人共用。

日本有高达8000万辆行驶中的电动汽车，每辆车都有电池。平均每两年换一次。由此可以计算出，光是日本每年就会产生4000万块废弃的汽车电池。废弃的汽车电池虽然可回收再利用，但绝大多数是出口到其他国家。由于《巴塞尔公约》(*Basel Convention*)禁止国家输出废弃物，所以这些电池当作二手电池输出。能使用的输出到其他国家，不能使用的就回收或扔掉。

我常去的非洲国家就有一大堆被扔掉的日本废弃汽车电池。那些被丢掉的铅酸电池，最终也会有无法在土壤里分解的塑胶和对环境有害的铅、硫酸遗留下来。

再生汽车电池这项"月入3万日元的生意"，即使做成的可能性不大，但也是有益于地球环境的活动。

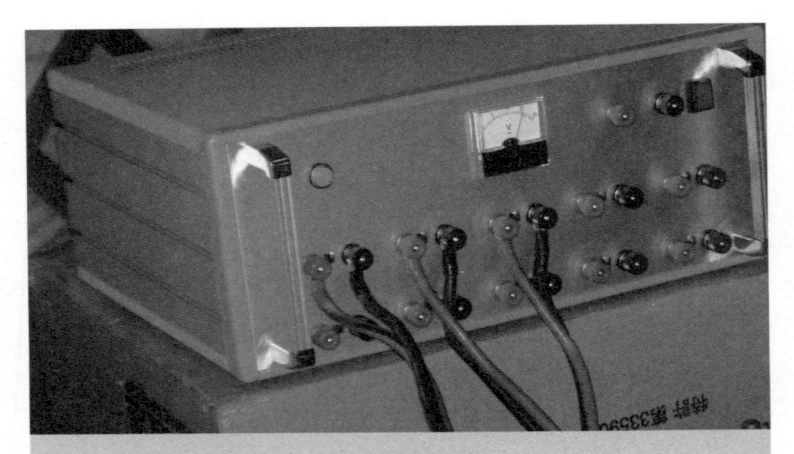

▲电池再生设备

汽车电池再生的生意

- 一个月再生6块无法使用的汽车电池（一块收入5000日元）
  5000日元 ×6块 = 月入3万日元
- 一块电池平均用3年。总共216位客人，因此一年顾客为72人
- 重点
  ① 用新电池的半价提供再生电池的服务
  ② 让约400人知道自己提供这项服务，并隐晦地表示"没电来找我"
  ③ 准备替代电池借给客户，让电池再生的生意不受时间限制
  ④ 让客户对"重复使用比较环保"产生共鸣

▲在蒙古国的汽车电池再生店

销售稻壳隔热板的生意

稻壳其实是绝佳的隔热材料，其中细节可以参考第四章中的"20万日元盖出不用电的稻壳屋"的内容。在地创业家需要做的是出借制作稻壳隔热板的材料和道具给米农。米农在收割稻米时，将碾米后剩下的稻壳囤积起来，农闲时间再制作成稻壳隔热板，存放到仓库。等建筑商人要盖房子的时候，向在地创业家下订单购买隔热板。创业家收到订单后向工地附近的农家下单，农家再驾驶自家的小货车送货去工地。最终建筑商人能买到比之前使用的隔热材料更便宜的稻壳隔热板，农家能在农闲时赚1000日元以上，创业家则能月入3万日元。

为什么这种模式行得通？一是因为直接连接了生产者（建筑商）与材料生产者（农家）。二是因为不论制造、储存还是运输，都在农家的农闲时间用闲置的设备完成。这也是"复业"的精神。

稻壳隔热板的制造工艺很简单，在聚乙烯袋子的内侧放入两片方形的塑胶瓦楞板，中间保持一定间隔，用绳子将两片塑胶瓦楞板固定。然后在两片瓦楞板间填满稻壳和消石灰混合物并封好。这是我发明的一项制造技术，如果有人利用这项技术制造稻壳隔热板，我不会收取使用费。

为了方便建造工人使用，我们将稻壳隔热板做成3种尺寸。出售给木工的价格是每平方米600日元，比标准的玻璃棉（厚10厘米，每平方米重10千克）还要便宜。塑胶瓦楞板和聚乙烯袋的成本为每平方米200日元。农家的工资是每平方米300日元，一小时能生产4个，所以时薪约1200日元。在地创业家每平方米收取100日元的手续费，一个月内若能卖出300平方米，月收入就是3万日元。一间120平方米的房子需要使用的隔热板的量约为300平方米，因此一个月只要有一间房子的隔热板订单即可。我们做这项工作只需要和3家建筑商、6位建造工人保持良好关系就可以了。

一半以上的日本住宅是用玻璃棉作为隔热材料。而玻璃棉的隐患堪称"石棉第二"，且产出的废弃物也很难回收，很多是作为废弃物埋在土里。在日本，这类隔热材料主要由工厂来制造，一年大概有2100亿日元的市场。大量玻璃棉中的有害物质埋于土壤中，令人担心又遗憾。改变这种状况的策略之一就是使用稻壳做隔热材料。所以也可以从重视环保的消费者入手，以他们为中心，形成一股风潮。这种生意能让制造者、卖家、买家，以及地球环境共赢。所以，如果全日本都普及稻壳隔热板技术就太好了。

▲稻壳隔热板

销售稻壳隔热板

● 稻壳隔热板的制造、储存及运输，都委托农家

  农家手续费 = 300 日元 / 米^2

  农家时薪 = 300 日元 / 米^2 × 4 米^2/时 = 1200 日元 / 时

  收入 = 100 日元 / 米^2 × 300 米^2/月 = 月入 3 万日元

● 顾客是重视环保的新屋主或建筑商、木工，一个月一单

● 重点

  ①农家在农闲时用闲置人力及设备制造、储存和发货

  ②推动使用稻壳隔热板的潮流

  ③跟重视环保的建筑商、木工合作

有收益的街头表演

住在枥木县那须盐原市的山下崇先生,收费的街头表演是他"月入3万日元的生意"。山下崇先生是一位知名的火舞表演者,他能够一边巧妙地耍两根两端燃着火焰的火棍,一边跳舞。同时他也是火球舞高手。所谓火舞,就是指两手甩动绑着球的绳子。球浸油后点火燃烧,即为火球。据说,这种舞蹈源自新西兰本地民族的仪式,现在已经成为一种宴会上的表演。你可能会觉得不过是火舞罢了,却不知山下先生的火舞一登场,那充满幻想及野性的表演就能使人们热血沸腾,如果是在夜间举行火舞表演,现场气氛就会异常热烈。"那须地球日"活动的大轴就是山下先生的火舞,参加者都非常期待,那真是很棒的地球日活动。

三奈女士是山下先生的妻子,她梦想开一家面包店。她在当地的面包店里辛苦地学习了3年,就是为了尽快实现梦想。她每天早上5点便起床,6点去面包店,很晚才回家,根本无法照顾家里的小孩。因此山下先生辞了汽车公司的工作,回家照顾两个小孩的同时,晚上也会去打工4小时。他已经自己盖出烤面包的石窑，还有制作面包的工作坊，自己建造的话，需要20万日元材料费就能搞定。面包店刚开业的时候，订单主要是面包预订和配送，也在离工作坊不远的店铺销售。山下夫妇脚踏实地地朝梦想前进，希望打造出一间小而温馨的面包店。

山下先生的火舞表演，每次的收入是1.5万日元加实际支出的交通费。若表演时，观众打赏总额未达到1.5万日元加交通费，则由主办方补足差额；若超过，就会退给主办方。而大部分观众都会打赏100日元，有的会打赏1000日元左右，主办方要负担的费用很少。山下先生一个月接受2次火舞邀约，能有3万日元的收入。

一个月表演2次，一年就是24次。虽然市场上有这样的潜在需求，但是若山下先生没有通过在活动主办方聚集的地方表演、请他人向关键人物介绍或借助媒体报道传播等来提升知名度，那些主办方就不会认识他，不会知道他可提供这项服务，也就不会请他。只要能累积大概12次的表演经验，自然就会继续接到邀约。

山下先生热爱自然与和平，曾受邀于环保及和平有关的活动，他乐在其中。大家都来请山下先生到活动中去表演吧，既能活跃气氛又能扩大交流。

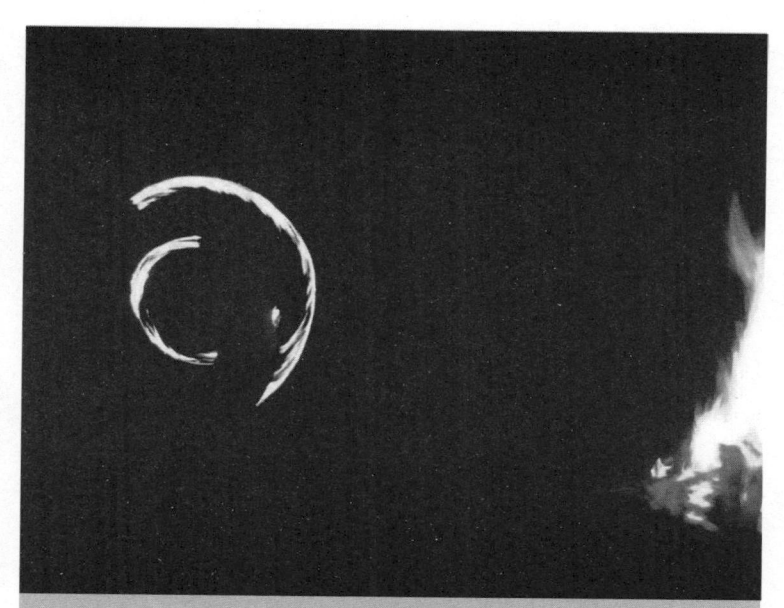

▲山下先生的火舞表演

有收益的街头表演

- 接受邀请表演火舞或火球舞

    1.5万日元 ×2次/月 = 月入3万日元
- 顾客是活动的主办方
- 重点

    ① "具有幻想及野性"的火舞

    ② 每月只接2次

    ③ 若顾客打赏金额不够,由主办方补足

    ④ 必须让更多主办方认识自己

提供愉快建造石窑的体验

山下崇先生不但是火舞名人，还是建造石窑的名人。他的另一项"月入3万日元的生意"是上门建造石窑的工作坊。大家应该知道石窑，就是用木柴、木炭烤面包或比萨的窑。这样烤制的面包和比萨非常美味。石窑建好后，大家一起烤比萨吃，味道别具风味，还能增进彼此的友谊。

比如，福岛县磐城市的非营利组织——磐城市森林爱好会。这个组织接受市政府委托，管理着约100平方千米的森林，做些树木疏伐、除草等大量体力工作，但数十位平均年龄65岁的成员竟然做了10年之久，并且乐在其中。能坚持这么久，是因为一群人一起愉悦地做好事，还有一个就是工作完成后，一起享用面包和比萨的快乐时光。由松崎和敬带领的这群人从山中回来时，他们的太太就会准备好刚出炉的面包和比萨，美味的面包和比萨令松崎等人的疲劳一扫而空。因此，想要建造一座石窑享受这种美味的人很多。但要建造一座正规的石窑，大概需要花费100万日元。很多人无法承担如此高昂的费用。如果自己动手做石窑，材料费只需要10万~20万日元，建造石窑的过程中还能增进与伙伴的友谊。但很多人不懂得如何制作石窑，所以会因感觉麻烦而放弃。

　　山下先生能为此提供整套材料及专业知识，而且亲自上门指导。建造材料包括耐火砖、水泥、铁门及其他一些材料。建造工作坊的第一天，山下先生会开着货车，载着整套材料和工具来到客户家中。第一节课是为客户讲解石窑的基础制作，并提供详细的操作手册。第二天就完全由成员独立建造。整个过程中，山下先生会参与两天，在石窑收尾的关键时刻也会出席一天。其他时间他也接受电话或电子邮件咨询。山下先生收取的费用只是6万日元和货车油费。此外还有烤面包和比萨的课程。山下先生的工作是买材料1天，教学4天，收入是3万日元。

　　这项生意的关键点是让参加者自己动手做，并享受其中的快乐。如果与其他普通生意一样，山下先生自己包下整个石窑的建造工程，那至少需要80~120个小时的劳动时间。如果遇上雨天或者其他事情无法开展工作，时间就会超过一个月，整个预算下来要花100万日元才能盖出一座石窑。整个过程没有机会与客户培养感情。

　　全日本有3.2万个非营利组织，它们不以获利为目的，这是时代的幸事。但也有些组织会因为热情减退或缺乏经费而陷入发展瓶颈，令人惋惜。从事非营利活动的各位成员，要不要像磐城市森林爱好会一样，相约一起打造石窑，为工作增添一些乐趣呢？

▲手工石窑（非电化工房供图）

提供愉快建造石窑的体验

● 上门指导建造石窑的工作坊并提供材料

　教学5天的费用：6万日元/2个月＝月入3万日元

● 重点

　① 要建造出完美的石窑

　② 在工作坊中有愉快的动手体验

　③ 提供整套材料、工具和专业知识

　④ 限定2个月接一次单

　⑤ 让非营利组织等知道自己提供这项服务

开办有机市集

那须町的小山博子,正在准备开办一家有机市集,这也是一项"月入3万日元的生意"。所谓的有机市集就是有机蔬菜市场,一种比较流行的叫法而已。小山博子是"那须地球日"的执行委员长,也是一位意识超前的时髦女性,非常喜欢做好事,会经常举办一些有意义的活动。同为"那须地球日"执行委员的浜口夫妇,将自家经营的有机餐厅的庭院免费出借给小山博子,让她用来举办一个月只开2次的有机市集。

这个市集,会邀请种植有机蔬菜的伙伴来摆摊,但只会邀请10家。每个摊位要求缴纳1500日元费用,是日本一般早市摊位费的一半。摊位费对摊主和消费者都是公开的。收取的摊位费就是小山博子"月入3万日元的生意"。

事实上,日本的早市并没有要求摆摊农家标示"无农药",因为有些农家会使用农药。小山博子创建这个有机市集的目的,是希望不使用农药的农家有个专门的场所。

小山博子这项生意的成功之处,是她不需要缴纳场地费。如果她租用的场地费需要花1.5万日元,那小山博子就只能将摊位费提高一倍才能月入3万日元,或将摊位数量增加一倍,但是这样的集市就失去了它原有的意义。

对浜口夫妇来说,免费出借场地也有好处,因为一个月出借两次闲置的场地并没有什么损失,也不麻烦。相反还能增加客流,与种植有机蔬菜的农家、购买有机蔬菜的客户交流,还能低价购买剩余的有机蔬菜。但也要承认,浜口夫妇也是愿意做好事、举办公益活动的夫妻。

在大型市集中,人和人之间的交流会变少。当规模变小后,定期举行的有机市集反而更能通过有机蔬菜市场这种媒介,增进人与人之间的相互联结。

另一个重点就是要避免一成不变,要让顾客觉得永远不会失去兴趣,这就靠小山博子的智慧了。

▲法国里昂的市场和小山博子

开办有机市集

- 每月举办 2 次销售有机蔬菜的早市

    摊位费 1500 日元 ×10 位 × 每月 2 次 = 月入 3 万日元
- 顾客是用心生活的居民

    选择大约有 200 位这种居民的地区
- 重点

    ①以经济实惠的价格，提供优质的有机蔬菜

    ②限定 10 位摊商

    ③免费的场地

    ④小规模，且定期持续进行

    ⑤让顾客不觉得腻，每次来都很愉快

    ⑥如同法国市集般时髦的氛围

提供共享孕妇装的生意

提供共享孕妇装是住在函馆市的荒木明美所从事的"月入3万日元的生意"。在你看来，这可能只是二手衣服的生意，但并非如此。首先是时尚感，在人生最幸福的时期，衣服肯定也要选漂亮的，孕妇也是如此。可实现起来没那么容易。一件漂亮的孕妇装价格在5万日元以上，且与结婚礼服不同，只有一件并不够穿。荒木小姐希望用经济实惠的价格让孕妇穿上能让人看着就想给予祝福的漂亮孕妇装。为了实现这个想法，她成立了"振翅高飞会"这个非营利组织。

荒木小姐采取定制孕妇装的方式，一次定制5件同款孕妇装。这样，每件用不到1万日元，即可拥有比市场价格为5万日元的孕妇装还漂亮的衣服。事实上，那些市场价格5万日元的孕妇装，成本都在1万日元以下。定制的孕妇装能让孕妇在任何情况下都保持美丽，可以随孕期调整衣服尺寸。这样的5件孕妇装可以供4位不同孕期的孕妇使用，每人分摊5000日元的费用即可。用完后看有没有人要买下或是作为礼物送出。

这种孕妇装与其他二手衣服的另一个差别就是不会穿旧。第一位孕妇归还后，荒木小姐就会用她的技术将衣服修复如新。

修复过程完全不使用硬化剂之类的药物，让人用得安心是这项生意的第三个不同点。很多商家为了让衣服挺阔不变形，会普遍采用硬化剂，但硬化剂的主要成分是甲醛，众所周知，这种化学物质是病态建筑症候群（Sick Building Syndrome）的成因之一。荒木小姐的孕妇装就连染料也不使用人工合成的化学物质。有人会觉得这样过于认真了，但孕期无小事，注意安全总是对的。

第四个不同点就是孕妇之间的交流。作为有经验的孕妇，可以提供好的建议给后怀孕的人。通过经验交流，她们完全有可能成为朋友。荒木明美也想到了孕妇间的交流，她有亲身经历，很清楚有些孕妇在孕期会感到焦虑。

为了促进温暖的人际关系，并保障自己能够顾及各个工作细节，荒木小姐这项生意只在函馆市内开展，也不开展网上销售。创业初期，包括荒木小姐自己在内的工作人员只有2位（孕妇人数为100人左右），第二阶段增加到4位（孕妇人数约为200人），之后就不再增加人员。每个人的月收入为3万日元，不为拿更多金钱而增加业务，组织的收支状况也都公开透明。

这项生意如果能开展充满爱心的活动，甚至让孕妇有想搬到函馆市居住的冲动就更好了。荒木明美的这项"月入3万日元的生意"值得关注和推广。

提供共享孕妇装的生意

- 漂亮又安心的孕妇装,依次让 4 位孕妇使用

  一件的收入 =5000 日元 ×4 人 =2 万日元

  一件的成本 +3 次修复费用 =1.2 万日元

  每位工作人员的月收入为 3 万日元

- 顾客是想穿漂亮和令人安心的孕妇装,以及期待被关心的孕妇

- 重点

  ①用经济实惠的价格提供漂亮且安心的孕妇装

  ②用修复技术,让每位孕妇穿过后的孕妇装依然如新

  ③服务地区只限当地,限定会员数(孕妇人数)

  ④形成共享的文化

  ⑤让孕妇之间进行温暖的交流

经营草砖房的简易民宿

在日本，兴起了一股建造草砖房（straw bale house）的风潮，很多人对这种建筑应该并不陌生。这种房屋用干草砖建造，然后在墙面内外侧涂上厚厚的泥，表面再刷上石灰修饰。房屋的地基、柱子和屋顶都是木质结构。也就是说，整个草砖房由泥土、木头和干草构成。墙壁厚度有40～70厘米，保温效果非常好。而且这种利用自然材料建成的房屋冬暖夏凉，住起来非常舒适。又因为墙壁厚实，在设计上有很大的空间，无论是曲面、曲线或立体感等都能展现。所以，人们能把草砖房盖成像童话中那样的漂亮房屋。

草砖房的建造可以用工作坊的形式，一群人愉快地合作完成。我也主办过几次，参与者都非常开心，成员间的感情也融合得很好。不管什么时候，忘掉自己的头衔、不计较个人得失，齐心协力共同完成一件事，大家都很愉快，而刷墙的工作更快乐。

简易民宿（bed and breakfast, B&B）是只提供住宿和早餐的住宿设施。很多人可能会觉得这种民宿就是个"不提供晚餐的便宜住宿"，但实际情况并不是这样。

要说到底有什么不同，就是住起来很舒服而且很有人情味。

我去欧美或澳大利亚等地旅行的时候，一般都会选择住这种简易民宿。比起五星级酒店，这种简易民宿更能留下美好回忆，而且价格还低于三星级酒店。我通常会选择有自己爱好的经营者所开办的民宿。这些经营者多少是因为自己喜欢才建造了这样的房子，能自住也可作为民宿，若无人预约，就当作自己的私人别墅。因此，这种民宿都很有个人特色。民宿主人也会配合，都会在房客预订到达的时间前去等候，介绍完房子、准备好早餐材料后就离开了。担任这项任务的通常都是经营者的子女，这样他们就不需要另找员工或厨师。

若将经营草砖房的简易民宿作为"月入3万日元的生意"，就动手建造一座草砖房吧。你可以自己盖一间小小的新房子，也可以改建老屋。当然，无论你用哪一种方式，都不会有很高的成本。你也可以参考照片中位于非电化工房内的草砖房民宿，这是由我的4位学员所建。他们原本都没有木工经验，用了一个月时间才盖好，材料费只有15万日元。房子虽然很小，只有14平方米，但五脏俱全，还有阁楼，就算住进5位房客，也有足够的住宿空间。

建造这种简易民宿，如果土地不花钱，就只有材料费支出，成本并不高，所以不用借贷。这样，就算民宿的利用率低也没什么压力。比如我们可以请几个朋友帮忙，或者策划一个工作坊，由参与者一起合作建造。以我的非电化工房学员的例子来说，4个人合作，花一个月时间，费用是15万日元。房客住一晚收

2.5万日元。如果有5位房客，平均下来每个人就是5000日元；4个人也就是6250日元，没有房客会抱怨收费高。2.5万日元的收入去掉早餐、材料费和租借寝具等一些费用外，还有1.7万日元的收入。假设一个月只有两拨儿房客，年收入就是40.8万日元。除去4.8万日元的建设费用，实际收入36万日元，平均月收入为3万日元。

也许有人会觉得"辛辛苦苦盖了间民宿，一个月只营业2天，实在不划算"。但这种情况只会发生在花很大成本建造房子的情况下，为了回收成本，就只有提高民宿使用率，就需要扩大推广业务。推广见效后，民宿使用率高，你就会整日不得清闲，弄得身体疲惫不堪；若做得不好，白白投入了成本，民宿的使用率依旧很低，那就不堪重负了。因此，一个月营业两天刚好，你不必超负荷工作，而且等待入住的名单还会很长，不用担心客源。至于在不营业时要怎么利用这间简易民宿，你可以设想各种机会，但不要被欲望支配。

▲草砖房

经营草砖房的简易民宿

- 自己建造草砖房民宿

  一晚 2.5 万日元 × 每月 2 次 – 费用（借款 2 万日元）

  = 月入 3 万日元

- 顾客是喜欢草砖房的人
- 重点

  ①多人合力建造

  ②以民宿的形式使用，不提供晚餐

  ③一个月只营业两天

只在周末营业的树屋咖啡馆

我既喜欢草砖房，也喜欢树屋，也多次办过建造树屋的工作坊。在树上建造房子很有趣，会让人想起少年时在树上打造秘密基地的快乐。爬上树屋，就好像自己变成了一只鸟儿。平时我们只能在地上活动，受到各种各样的束缚，十分缺少自由。而树屋吸引人的地方是能让人们体验鸟儿的自由。建造树屋的关键是选择合适的大树，就是要让爬上树的人能有一种鸟儿的感觉。

美国俄勒冈州有间树屋民宿，甚至会有国外友人慕名而来。我也是其中一位。这间民宿预约期长达半年，若想入住，就必须在8个月前预约。从中可见，好树屋所具有的巨大魅力。

将只在周末营业的树屋咖啡馆当成"月入3万日元的生意"，首先要找到一个风景优美的地方，并且要有合适建造树屋的树木。然后与林地的所有者沟通，只借树木建造树屋。如果你能主动负担一些如疏伐林木等管理工作，林地主人应该会允许。然后再以工作坊的形式，找几个兴趣相投的人一起建造那种能横跨几棵树的树屋。建造在一棵树上的树屋虽然很吸引人，但从制作的难度和居住的安全性来考虑，这种横跨几棵树的树屋更安全。一个树屋14平方米左右，对树屋来说虽然大了些，但对咖啡馆来说并不算大。这种树屋咖啡馆里可设10个座位，材料费10万日元左右。如果可以将疏伐的树木当成建材使用，成本将会更低。

盖好的树屋用来经营周末咖啡馆，除去不好的天气，一个月大概营业6天。每天接待30位客人，提供简单的饮品，不提供需要烹调的食物。因为安全管理部门会禁止在树林中烹调食物。以每位顾客消费500日元来计算，一个月的营业额是9万日元。饮料的费用加上其他费用约为3万日元。如果两个人轮流经营，每月工作3天，一个人的月收入就是3万日元。如果单纯经营树屋咖啡馆，虽说一周只开放两天，但一段时间后顾客就会失去新鲜感，这是可以预测到的。所以，经营者可以在树屋四周规划出环境优美的散步路线，或是在树上悬挂大型秋千，或开设爬树教室等。虽然是"月入3万日元的生意"，但在保持顾客新鲜感这一点上是和其他生意一样的。对不喜欢付出这种努力或是品位不好的人来说，就不适合这项生意。

▲树屋

只在周末营业的树屋咖啡馆

- 自己建造树屋咖啡馆,只在周末营业

  500日元/人×30人/天×6日/月－费用3万日元=2人6万日元

- 顾客是喜欢树屋及森林环境的家庭

- 重点

  ①通过工作坊形式盖出低成本树屋

  ②只在天气好的周末营业

  ③让顾客保持新鲜感

利用雨水的生意

你能说出自家厕所用水要花费多少钱吗？占水费的百分之多少？估计能说出的人微乎其微。我也没听说有谁曾大声疾呼日本的水资源短缺，并积极从事保护水资源的相关活动。这也许是因为厕所用水、洗澡或洗衣服的水，还有下水道的使用费都是合并在一起收取的，每两个月收取一次，从银行账户中自动扣款。

实际上，以东京的四口之家为例，一个月厕所用水的费用约为1232日元。根据东京的调查，一个四口之家一个月的自来水用量约为27立方米。厕所用水占28%，洗澡用水占24%，厨房用水占23%，洗衣用水占17%，洗脸等其他用水占8%。东京23区的水费是每立方米163日元，合计费用为1232日元。

东京23区的水费是每立方米163日元，赤穗市[1]是102日元，应该是日本水费最便宜的地方，夕张市[2]是739日元，日本水费最贵的地方。我住的那须町是157.5日元。你们居住的地方水费是多少呢？但无论你是哪个地区的人，今后的收费应该都会逐渐提高。随着水源污染加剧，水质恶化，自来水公司在净水设备上会投入更多的钱。估计5年后，水费大概会提高到一

---

[1] 赤穗市位于兵库县。
[2] 夕张市则在北海道。

个月 1670 日元吧。假如一个月是 1670 日元，10 年就是 20 万日元。这个数字是不是会很让你吃惊？

所以，为什么不大力发展利用雨水的这项生意呢？将雨水作为厕所用水是一种非常节约的方式。以日本平均每户 120 平方米的独栋住宅来计算，楼顶的降雨量约为 200 立方米。如果能够利用其中 45% 作为厕所用水，这部分的水费就能为零。前提是楼顶要有储存雨水的巨型水槽。水槽的容量有限，降雨情况也无法估计，所以大概有 80% 的雨水能用作厕所用水，10 年就可以省下 16 万日元水费（以四口之家来计算）。做这项生意，就是收取 10 万日元帮客户建造这个设备。材料费用去 7 万日元，自己用一整天就可以建造完成，一个月接一次订单，月收入为 3 万日元。

水务公司要生产高品质的水，就必须投入大量的金钱，所以水费昂贵。厕所用水不需要高品质的水，很多人也觉得这样很浪费。因此，利用雨水冲洗厕所，10 年还能省下约 16 万日元的水费，应该有很多热爱环保的人愿意花 10 万日元购买设备。而且，做这项生意的专业技能一天就能学会。

还有另一种更节水的设备，储存的雨水可以先作为泡澡水，再用泡澡水洗衣服，洗衣服用过的水再作为厕所用水。哪个环节水不够用了，设备能以水槽储存的雨水自动补充，雨水不够用的时候，就用自来水补充。这样大约能节省 80% 的用于泡澡、洗衣、冲厕所的自来水，10 年可省下 40 万日元。给客户提供这个设备，费用是22万日元，材料费约为16万日元，工期为3天左右，2个月接一次单，月收入为3万日元。

或许有人认为日本的水资源十分丰富，不需要使用雨水。不错，日本人每人每天的生活用水量约为347升，是世界平均水平——174升的2倍左右，更是远超肯尼亚用水量的10倍。从个人平均用水量来看，日本的水资源的确丰富。日本一年的生活用水量是157亿吨，工业用水为128亿吨，农业用水为156亿吨，全部加起来是831亿吨。由此可知，农业用水量占全年用水量的2/3。

众所周知，生产1千克谷物需要1000千克水，生产1千克牛肉需要大约10千克谷物。也就是说生产1千克牛肉，需要1万升水（10立方米）。所以，问题在于农业用水。日本的粮食和肉类主要依赖进口，所以生产粮食和牛肉需要的水，可用虚拟水（virtual water）计算，日本由于进口食品所花费的虚拟水是1000亿吨。根据世界卫生组织统计的数据，世界上每人每天的用水量约为50升。但根据联合国调查，世界上有10亿人的用水量还达不到这个标准。日本1000亿吨的虚拟水，约相当于54亿人每人每天50升的用水量。这样的数据，是不是令人触目惊心？

所以我们还是要重视水资源，想办法减少用水量，从每天节约一滴水开始。现在日本开始了这样的节水运动。要经营利用雨水的生意，与这样的运动结合是非常重要的。

目前，我的非电化工房住着4位在此学习的学员，其中一位学员中尾臣裕就想要学习做利用雨水赚钱的生意。他说，一年后学习期满，就立刻回到香川县付诸实践。他一直就想从事保护水资源的工作。香川县降雨量很少，而中尾家是做花店生意的。我完全能想象他为什么会如此关心水的问题。我希望继中尾之后，有更多的人学会如何利用雨水。

▲利用雨水冲水的厕所（非电化工房供图）

利用雨水的生意

● 销售、装设使用雨水作为厕所用水的装置

　价格 10 万日元 − 材料费 7 万日元 = 月入 3 万日元

● 顾客是希望节约用水的人

● 重点

　① 节约效果好，使用方便

　② 水费较高的地区、人口多的家庭、楼顶面积大的房子

　③ 一个月只接一单

　④ 推动节约用水运动

供应木柴的生意

看着暖炉里摇曳的火光，就会让人变得平静。日本有许多人喜欢燃木暖炉。暖炉不能跟空调相比，只能局部散热，无法让整个房间变暖。它和日本以前使用的火盆或地炉相似，以辐射方式散播热能，即使室内温度很低，暖炉旁也会很温暖。因此，燃木暖炉消耗的能源比空调少得多。木柴是可再生能源，不会造成能源紧张。

燃木暖炉释放的热能与距离成反比，距离暖炉越远，热能就越低，不坐在暖炉旁就会觉得冷。因此，要取暖的人们只能聚集在暖炉周围。或许一群人围坐在暖炉旁谈天论地的情景是我喜欢暖炉最主要的原因。暖炉燃起来，不知道为何房间的光线就会变暗，于是人们就会点起蜡烛，柔和的烛光中，人的心变柔软了，酒也变得香醇了，人与人之间的关系就更加亲近。如果整个房间或建筑内很明亮，人与人之间就有疏离感了。

燃木暖炉有增进人与人之间感情的魅力，但它的普及率很低。在日本，燃木暖炉和壁炉的家庭普及率是1.3%，英国是39%，美国是24.4%（2004年大阪天然气公司调查的数据）。燃木暖炉低碳环保，简单易用，希望普及率能很快赶超美国。

我调查过燃木暖炉在日本普及率低的原因。最后得出以下几个因素：一是因为这类设备造价太高；二是木柴价格也较贵；三是人们觉得劈柴生火很麻烦；四是暖炉排放烟尘会被投诉。

以前的燃木暖炉，主要是北欧及北美制造的厚重金属铸成品，价格高达几十万日元，另外再加上20万～30万日元不等的装置费，对普通家庭来说，这样的造价确实很贵。但最近在日本，已经能以几万到十几万日元的价格买到国产暖炉了。造型漂亮，品质也不输进口货。此外，自己动手做移动式暖炉也渐渐流行起来，所以设备贵已经不是无法普及的理由。在市区不让排烟，但在乡村还是可以的。所以，如果能买到便宜木柴，也不觉得劈柴及生火麻烦的话，燃木暖炉会更加普及。

我们已经想出了降低木柴价格，且让劈柴及生火等工作变得简单的生意。如果去市场上买木柴，一捆是500日元，重77千克。也就是说，1千克大约70日元。市场上的木柴，含水率约为20%，发热量为3800千卡左右。这个数字乘以燃木暖炉的平均使用率65%，实际能用来取暖的能量约是2500千卡。另外，1升煤油的价格大概是70日元。1升煤油的发热量约8500千卡，若以使用效率88%来计算，实际用于暖炉的能量约为7500千卡。同样的取暖效果，木柴的价格是煤油的3倍，确实比较贵。

若跟林业合作社购买整根木头，1千克大约为10日元，这样木柴的价格就能降到煤油的半价以下。但木头必须经过切割和干燥处理才能使用，这是高强度劳动的工作，只适用于健壮又有空闲时间的人。

若是以1千克20日元提供送到家中的木柴呢？价格是煤油的80%。而且，商家把劈好的干燥木柴直接送到家里，那些身体不好、没有时间的人会很欢迎这样的服务。

如何能取得20日元1千克木柴呢？可以直接找林主商谈，提出免费帮忙疏伐的建议，取得免费疏伐的资格。只要林主相信你能做好林木的疏伐工作，多数林主都会同意这个条件。疏伐时，工作要做得细一些，尽量在便于运输的地方进行加工，干燥半年左右。两个人合作，一年大概可以制作出36吨木柴。但两个人一起做的话，所需时间约是120个小时。在寒冷地区，36吨木柴差不多够12个家庭使用。如果两个人来做，一个月分两次运送到顾客家，应该需要70个小时。合计起来，一人一年的工作时间为190个小时，收入为36万日元，月收入是3万日元。

家庭中哪方面消耗的能源最多呢？很多人认为可能是空调、电视、冰箱中的一个。如果只是限于电力能源的使用，的确是这样。但可利用的能源形态不只是电力。除去汽车，日本一般家庭消耗能源较多的项目是取暖和洗澡，而这两项主要是使用天然气和煤油。如果这两项也使用电,那么家庭的电力使用量会增加9%左右。现在日本的住宅很多是使用电力取暖及加热洗澡水。最近日本全电化住宅很流行,有80%是全电化住宅,暖气、沐浴设备、烹调都用电,电气化程度令人惊讶。

日本森林资源丰富,不善加利用就是浪费。供应木柴的生意能成为善用森林资源的一个方式就好了,另外,做这项生意的人还能月入3万日元。

▲燃木暖炉（非电化工房供图）

供应木柴的生意

● 销售、配送干木柴，价格比煤油便宜

20日元/千克×3.6万千克/年÷2人÷12个月＝月入3万日元

● 顾客是喜欢燃木暖炉、重视环保的人

● 重点

①解决昂贵、麻烦的问题

②免费取得

③直接在林地加工和干燥

④两人年生产36吨木柴

⑤与能源在地化联动

太阳能热水器生意

在前文中，我介绍利用雨水的生意时曾问过大家厕所用水的花销。现在我再提出一个相似的问题："你每个月用来加热洗澡水的燃料费是多少？"估计没有几个人能回答上来。因为日本使用天然气的家庭超过90%，但天然气公司的账单没有收费明细，并不会给用户列出用于洗澡、烹调、暖气等设备的各项费用额。所以很少有人能计算出详细的数字。

据统计，日本每个家庭每月花在洗澡水上的天然气费是4000日元，这是以住在东京并使用天然气的四口之家算出的平均值。虽然天然气费会因家庭人口数、气温、计费方式和用水量而异，但依旧能粗略估计出一个月是4000日元。一年就是4.8万日元，十年为48万日元。对经济富足的人来说，这点钱不算什么，但对于不富裕的家庭来说，也的确不是一笔小数额。所以，太阳能热水器这项"月入3万日元的生意"就非常值得推广。

太阳能热水器的售卖对象只限于楼顶有平坦空间或庭院有充足日照的房子，一是有地方安放太阳能热水器，二是安装起来会比较简单。在日本，可能平均每五间房子就会有一间符合条件。在屋顶装设太阳能热水器这项工作，就交给专门卖这种设备的店铺。一整套太阳能热水器及附件售卖10万日元，加上施工费，收取16万日元。每两个月完成一单，一个月收入是3万日元，整个过程需要4天左右。

两个月装一台，一年装6台，这个销售目标应该很容易完成。毕竟装一个这样的太阳能热水器，10年能省下28万日元。

若采购量大，10万日元买到整套的太阳能热水器和附件，可以自行安装。请参考第四章的"15万日元盖出不用电的小澡堂"的内容。这里面的金额也包含太阳能热水器的材料费8万日元。

令人遗憾的是还有大量的太阳能热水器被丢掉。这些热水器并没有坏，但有人觉得不好看，甚至愿意花数万日元拆除还能用的设备。根据日本总务省统计局的调查，1999年日本家庭使用太阳能热水器的比例是15%，2004年降至7.3%。虽然我没有找到最近的统计数据，但使用率应该不会高于4%。

还有很多人在深夜使用电热水器将水加热，然后第二天洗澡用。日本深夜时段的电费非常便宜，这么做能节省电费。使用这种方式，一个月洗澡的燃料费是1600日元，10年是20万日元。这是以住在东京的四口之家使用1000瓦型的热水器计算的。这个费用是天然气费用的40%。这是电力公司为了让消费者大量使用深夜剩余电力而使用的低价策略。因此，天然气公司很难与之竞争。

我们再来看看太阳能热水器的费用，10年的燃料费是20万日元，与使用深夜时段电力的价格没有什么差别。有人会觉得，如果价格一样，还是使用电力比较简单。燃料费虽然相同，设备费却相差很多。最便宜的电热水器也要40万日元，而太阳能热水器则是每台16万日元。电力热水器和太阳能热水器的使用年限都是10年。前者的燃料费加上设备费，10年是60万日元，而月入3万日元生意的太阳能热水器只有36万日元。

▲自制的太阳能热水器（非电化工房供图）

太阳能热水器生意

- 两个月销售一台太阳能热水器，每台16万日元

  （16万日元 – 材料费10万日元）÷2个月 = 月入3万日元

- 顾客是节约燃料费的环保人士
- 重点

  ①楼顶有平坦空间或充足的日照

  ②两个月卖一台

  ③共同采购或委托制作

自产无农药绿茶

将回收作为工业原料使用的污染米拿来做食品原料，这个事件大家都应该知道。这是2008年9月日本发生的事件，污染米被检测出含有亚灭培（Acetamiprid），这是一种菸碱酸类农药，可以造成蜜蜂大量死亡。经检测，污染米所含的亚灭培浓度是残留安全容量的3倍。另外引起极大骚动的，日本茶在亚灭培上的残留安全容许量是进口米的5000倍。在日本，只有在农药残留量超过标准时政府才会介入，但如果标准值本身就这么低，还有什么意义呢？

茶叶的叶片很嫩，容易患虫害，在茶叶的生长过程中需要使用大量农药。近些年来，无农药的有机茶叶很好卖。但仔细调查发现，所谓的无农药只是使用的农药量较少而已。我向茶农请教过，他们说完全不使用农药很难实现，因为日本茶田的面积将近5万公顷，相当于1/4个香川县，操作起来很难。

那么小型的茶田呢，不使用农药是不是就很容易？自己喝的茶完全可以自己种。据联合国农粮组织的统计数字，日本的人均茶叶消费量是每年1.06千克，3人家庭就是3千克。

另外种植1千克绿茶需要2平方米的茶田，3千克就是6平方米。这样的面积只要在院子里盖间简易版温室就可以了，这种温室即使在北海道的气候下绿茶也能很好地生长。当然要有良好通风，在避免害虫入侵方面也要下点功夫。

那么，经营月入3万日元的茶生意吧。给客户提供简易型温室、茶苗、专业种植知识及有机肥料。这样一套服务共收取12万日元。茶苗和有机肥料按照原价供给，算下来一年约3000日元，温室的材料费为6万日元，一年只卖6组，月收入3万日元。

日本政府统计，零售店里绿茶的售价是100克671日元。无农药的有机茶叶，100克能卖到1000~2000日元。以三口之家来计算，一年中买茶叶的钱平均是2万日元，好一点的茶叶则是3万~6万日元。10年就要花掉30万~60万日元。而自己温室种茶，温室组合需要花12万日元，再加上茶苗和肥料的费用，10年只要15万日元。这种温室一年完全可以卖掉6组。

还有，日本人均茶叶年消费量是1.06千克，世界排名第17，是世界平均消费值的2.3倍。我原本以为日本的茶叶消费量可超过英国成为世界第一，没想到竟然这么少。英国的消费量是2.26千克，排第3名。第1名则是格鲁吉亚共和国，3.04千克。美国是0.3千克，排第60名。这样看来，应该不用担心日本人的茶叶消费量会影响到这项生意。

自产无农药绿茶

● 提供家庭种植茶叶的温室组合

（12万日元 – 材料费6万日元）×6组/年＝月入3万日元

● 顾客是想自己种植无农药绿茶的人

● 重点

①提供栽种无农药绿茶的温室组合

②让顾客节约一半购买茶叶的钱

③带动愉快种植茶叶的风潮

④免费提供专业知识

经营市民农园的生意

栃木县大田原市的直井隆义先生的"月入3万日元的生意"是利用闲置土地经营市民农园。大田原市地处栃木县的最北边，休耕地很多。我所住的那须町休耕地更多。这些休耕地，一旦无人照管就会杂草横生，很麻烦。所以，如果有值得信赖的人能活用休耕地，土地的主人都会愿意免费出借。

有很多大城市的人想有自己的农园，自己种植蔬菜和农作物，所以出租农园的生意很流行。在日本，只要在搜索网站上输入"出租农园"或"出租农田"等关键字，就会得到数十万条搜索结果。但在日本经营出租农园生意很麻烦，要遵守《市民农园整借促进法》《特定农地租赁法》之类的法规。不过，还是有农园利用这种让人体验农耕乐趣的方式经营。虽然没有规则等限制，经营者还是要想尽办法来推广业务，让顾客感受到乐趣。有生意好的农园，也有经营惨淡的。

直井先生的商业模式跟其他人不一样，虽然都是经营农园。他先向土地所有者免费借得休耕地，然后租借给顾客种植薯类和麦类植物，让他们享受种植的乐趣。选择薯类和麦类是因为它们容易种植，比如红薯，只要将土堆高、把芽放好，5个月后就能结出果实，中间只需2次清除杂草和2次拉藤。

之所以种植薯类和麦类是因为它们可作为制酒原料。顾客租借农田的租金就是用一部分收获的薯类和麦类支付。出租农田的费用是一年1万～3万日元，而直井先生采取的是江户时代的做法，收取的租金是租种者收获的薯类和麦类。然后直井先生委托制酒公司将薯类和麦类制成酒，再卖给租种者。租种者买入的金额减去直井先生付给制酒公司的金额，就是他赚的费用。

拿红薯烧酒来说，30平方米的红薯田，平均能收获80千克左右的红薯。租种者将收成的30%也就是24千克红薯付给直井先生作为租种费。24千克红薯能做成15千克左右的红薯烧酒。15千克烧酒，由租种者以1.2万日元买下，这价格约是市场价格的2/3。直井先生则付制酒公司6000日元。若直井先生能将农地租给60人，年收入就是36万日元，也就是月入3万日元。

讲到这里为止，这个模式好像只是道理上说得通而已。可这项生意如果只是道理上说得通，无法发现它真正的好处，顾客很快就会腻烦。所以绝对不可以缺少让顾客感受到乐趣这个重点。在直井先生的模式中，有许多带给顾客乐趣的环节，比如让顾客自制烧酒。用红薯粉做浊酒没有那么难，红薯的主要成分是淀粉，所以先使用酒曲将其转化为糖分，然后再加酵母发酵，如此即可制成浊酒。浊酒经过蒸馏就成为烧酒，直井先生会举办工作坊，教授自制烧酒的做法。

直井先生原本的出发点很平凡，就是想活用休耕田，却建立出一个独特的商业模式。这个模式给予顾客非常优惠的价格，也让创业者产生利润，遵循了商业上的基本原则，这个模式也有很多发展性。像直井先生一样，多点创意，是做好月入3万日元生意的重点。请发挥你的想象力，将普通的生意做成更好的商业模式。

▲ 市民农园

经营市民农园的生意

● 提供休耕田，让顾客体验种植薯类和麦类的乐趣

租金是收割后的部分薯或麦，并由顾客购买用此制作的烧酒

[烧酒的费用1.2万日元（15升）- 委托制酒的费用6000日元]×60人=36万日元/年=月入3万日元

● 顾客是希望能免费体验农耕乐趣的人
● 重点

①免费租借休耕田

②顾客以部分农作物支付租借农田的租金

③农作物制成的烧酒，再由顾客以低于市价的价格买进

④让顾客能一直感受到乐趣

配送多余新鲜蔬菜的生意

种过蔬菜或谷物的人都知道,同样的农作物会在同一时期成熟,也因此,同一时期每个种菜的人都会有吃不完的蔬菜。刚将吃不完的白菜送给邻居,结果第二天又有其他人送来白菜。邻居送来一堆芋头,但你家里也有很多芋头……

对同样住在乡村的人来说,多出来的蔬菜并不值钱,但对城市里的人来说,情况就不一样了。乡村里多出来的蔬菜,拿到城市中就能卖出好价钱。所以,将乡村多余的蔬菜以便宜的价格送到大城市人手中,这或许会成为一种"月入3万日元的生意"。

选择附近的城市作为蔬菜配送地,最好是开车2个小时可到达的距离。由住在乡村的A和住在大城市的B两个人一起合作,一个月赚6万日元。住在乡村的A,要和10户兼职农家(不以种菜为主)保持良好关系。虽然找菜农也可以,但由于你需要的量少,他们会觉得麻烦,因此兼职农家比较合适。住在乡村的A,每个月开小货车去兼职农家2次,每次以中型纸箱收集25箱农家提供的多余蔬菜。如果跑10户兼职农家,可以收集到25箱。然后送给住在城市里的B。

住在城市的B，要找到25位顾客，当然这是B的工作。然后再将运过来的蔬菜配送给预订好的25位顾客。一箱蔬菜1500日元。一个月就能赚到7.5万日元。其中1万日元回馈给兼职农家，一户虽然只分得1000日元，但他们也会很开心。

此外，货车的油费和纸箱费用为5000日元，剩下的6万日元由合作的两个人均分。也就是说一人收入3万日元，每个月工作两天。

蔬菜的种植，一般是农家配合顾客的需要生产。但蔬菜和其他商品不同，产量受气候影响很大。所以为了配合需求不得不大量生产。产量过剩时，为了不让蔬菜价格暴跌，多余的蔬菜会被扔掉。

能否让需求来配合供给呢？蔬菜箱里装的都是过量生产的蔬菜，但都是当季的新鲜蔬菜，而且价格便宜。30年前，我曾尝试以这种方式销售无农药的水培蔬菜，每箱蔬菜加上运费卖3000日元，深受客户欢迎。现在这个模式依然很受欢迎，依然是加上运费一箱3000日元，一个月送两箱，顾客一个月支付7000日元左右。但在这项配送剩余蔬菜的生意中，顾客一个月付3000日元就够了，而且25位顾客很容易找到。

此外，我们还可以想出很多与此相类似的生意，比如跟住在其他地方的人合作，每个月赚取6万日元，其中一人住在渔村，另一人住在不靠海的内地城市，两人合作，每个月给顾客送一箱鲜鱼。顾客并不知道自己会收到什么鱼，但一个月能以3000日元的价格吃到新鲜的鱼，还是很划算的一件事，所以不难找到25位顾客。

配送多余新鲜蔬菜的生意

● 将过剩的新鲜蔬菜配送给顾客，一个月配送 2 次

1 箱 1500 日元 ×2 次/月 ×25 户 – 费用 1.5 万日元 =2 人 × 月入 3 万日元

● 顾客是希望便宜购买到新鲜蔬菜、不会计较种类的人
● 重点

①住在乡村的 A 和临近大城市的 B 合作（最好 A 和 B 之间 2 个小时车程）

②确定能取得新鲜的剩余蔬菜

③确定有想便宜购买到新鲜蔬菜、不会计较种类的顾客

④只配送 25 位客户

配送有机便当的生意

下面我要介绍一项看起来很普通的生意——配送便当。有3种经营方式可选，包括给孩子吃的安心便当，给瘦身女性吃的6道菜便当，还有给老人吃的长寿便当。选其中一种来做就可以了，不要多选。这3种便当，都是不使用农药的有机便当，也就是不使用防腐剂、色素等添加物的美味便当。你会说已经有类似的生意了，不要着急，请继续往下看，这种生意模式与其他不同。

给孩子吃的安心便当要做成孩子喜欢的口味，选用有机食材，还要注意到营养和食物种类的均衡。另外不要放那种存放一段时间后对孩子健康无益的餐点，毕竟不是做好就吃的食品。

给瘦身女性吃的6道菜便当，也是选用有机食材。这种便当不是要跟风瘦身风潮赚钱，而是想给因过度节食而损害健康的未来母亲们提供一份礼物。6道菜减肥法在日本很知名，它是通过三餐均衡摄取肉、鱼、海藻、豆类和蔬菜产生饱腹感，以避免摄取过量的碳水化合物、糖和油。因食材健康、效果明显，曾经流行过很长一段时间，但用这个方法减肥的人很快就会产生厌倦，因为每餐准备6道菜很辛苦。所以经营配送便当的生意，可以准备这种非常美味的6道菜瘦身便当，配送给因忙碌或懒怠的女性。老年人的长寿便当也是选用有机食材。

你可以选择以上3种便当中的一种，一周3次，晚上配送。有人觉得一周只吃3次会没有效果，的确如此。拿6道菜瘦身便当来说，一周21餐中只有3餐，其他18餐还是吃一堆碳水化合物、脂肪和糖，确实不会瘦身。不过即使一周只有3次采取6道菜的瘦身方法，只要持续下去，每餐应该吃6道菜的意识就会扎根。事实上，减肥最关键的就是一直保持紧张感。

一周3次，配送15个地方，这15个地方要集中在2个小时车程之内。在这个前提下，要找到顾客很容易。一周工作6小时，一个月约24小时。一份便当价格700日元，其中500日元用来委托餐厅制作便当，餐厅一个月能赚9万日元。如果找几家餐厅来做，餐厅会更愿意做。在地创业家做这项生意，一份便当可赚200日元，一个月就是3.6万日元。扣掉油钱等费用，一个月净收入3万日元。

也许有人会觉得，餐厅自己做这项生意不就好了？但餐厅不会去做，对他们来说，这些业务实际收入很少，而且推广和配送便当很麻烦。也有人觉得可以不用找餐厅，去委托热爱烹饪的家庭主妇来做便当，但她们可能达不到卫生标准。还有人会建议一周可以配送6次，这样可以有30个顾客。不错，每个月的收入确实会增加4倍，但业务太多，就没精力把事情做好，也很难保证配送地点集中在 2 个小时可以到达的范围内。

　　有机且美味的便当是这个生意的重点，也就是要保证品质，因此必须与餐厅一起努力。

　　从这个例子我们可以看出，就算是月入 3 万日元的小生意，也必须努力提升产品品质，做好业务推广。

配送有机便当

- 安心便当、6道菜便当、长寿便当（全部选用有机食材）三选一，一周配送3次，每一次送15个地点（700日元－委托餐厅制作便当的费用500日元）×15个地方×3次/周×4周/月－费用6000日元＝月入3万日元
- 顾客是孩子、想健康瘦身的忙碌女性或者希望健康的老人
- 重点
  ①提供美味的有机便当
  ②一周配送3次，只限15个地方
  ③委托有机餐厅代为制作
  ④和餐厅共同努力提升便当品质

安排环保屋巡览

澳大利亚的布里斯班郊区，住着一对知名的"太阳能姐妹花"。听到这样的称呼，我忍不住去想她们的样子，比如一对妙龄美女姐妹花……我很佩服她们的生意模式。要参加由两姐妹导览的行程，可先网上预约，然后在约定时间和地点集合，"太阳能姐妹"会提前在那里等候。她们的车在前方引导，参观者的车则跟随在后。我参加的那次有6辆车，共15个人。

太阳能姐妹会带参观者去各个环保屋拜访。虽说是环保屋，但就是一些在环保上花了心思的普通家庭。每个家庭都是由主妇热情地分享自家的环保重点。例如，有人只是将烹调用的柴炉装上天然气燃烧器，只要打开天然气开关就能生火。她会很得意地说："有人觉得柴炉生火很麻烦，那是缺乏智慧啊！"参加者不断提问，主妇回答的兴致也就越高。这个过程中"太阳能姐妹"则是旁观者，而导览费一人是1000日元。

说到与环境相关的参观，一般都是去某某研究所，或县立某某中心，或某某生态公园等，有点缺乏真实感。"太阳能姐妹"安排参观的都是普通家庭，让人觉得真实，其中有很多好的创意让人想跟着做。

我将"太阳能姐妹"的生意模式调整为"月入3万日元的生意"。经营者一个月安排2次导览，参观附近6间有特色的住家。这些住宅必须是在环保上下了很大功夫的环保屋。参观者可以在网络上招募，也可以请媒体帮忙宣传。参观费用是一人2000日元，一次15人，人太多房间里容纳不下。

这样，经营者一个月的收入合计为6万日元。其中的2.4万日元支付给开放参观的住家，一户4000日元。再扣除燃料费等6000日元的费用，收入就是3万日元。一个月工作约10小时。

期待这个"月入3万日元的生意"能发生有趣的效应。"我家只要在环保上下点功夫，某某某就会带人来参观"，传播开来后，就会有很多普通住宅的主人在环保上花心思。以澳大利亚的"太阳能姐妹"来说，的确产生了这样的效应。你或许会认为没家庭愿意一个月只拿4000日元就开放，供不认识的人来参观2次。但事实并不是这样，自己花的心思和努力的成果，能让许多人看到并获得赞美，很多人喜欢这样的结果。而且这么做还能赚到一点零用钱，也可能和参观者变成朋友。再者，整个地区也会增加很多充满创意的环保屋。这样的环保氛围不是很好吗？

这个"月入3万日元的生意"，也不必局限于环保。导览者可以是"花之姐妹"，带参观者拜访热爱园艺的家庭。也可以是"木匠兄弟"，带参观者拜访房主自建的房屋……请多发散思维。

安排环保屋巡览

● 规划环保屋之旅

2000 日元 / 人 ×15 人 ×2 次 / 月 − 经费 3 万日元 = 月入 3 万日元

● 顾客是对环保感兴趣的人

● 重点

①与特别的环保屋主人合作

②一个月 2 次，一次限 15 人

③通过网络和媒体宣传

帮人代购的生意

日本有4.3万多家便利商店，网络购物也很普遍，在网站下单，第二天就能收到商品。日本的交通也很发达，大概有8000万辆使用中的车辆。这一切说明我们生活在一个非常方便快捷的时代。但日本经济产业省公布的数据显示，被称为"购物难民"[1]的人也有600多万，大概每20个日本人中就有一人购物难。所以，所谓的购物方便，只是对有钱人来说是方便的。

或许，你可经营代购服务这项"月入3万日元的生意"。你是不是觉得以前就有这种服务？的确以前就有。在网络上搜"代购"两个字，就能找到20万条左右的结果。但细看内容，你就会发现代购的都是名牌服饰或海外商品，为"购物难民"代买东西的服务少得可怜。所以，那6万多"购物难民"的困扰依然存在。

做这项生意，只需要在方便送货的区域内找到10个不便购

---

[1] 在日本很多地区，由于小型零售店关闭或传统商店街衰退，致使当地居民无法在徒步或骑自行车可到的范围内购买生活所需用品（尤其是老年人、不会开车或行动不便的人）。这些人就是所谓的"购物难民"或"购物弱势者"。

物的人就好。

若经济产业省的数据正确，200个人中应该能找到10人。然后，每周询问一次他们的需要，再代为购买并送货到家。购物的店锁定5家就可以，包含超市在内。整个过程5小时左右可完成。每个人一次收费800日元，一个月4次就是3200日元。以这样的收费标准，很容易找到10位委托代购的顾客。10个顾客就是3.2万日元，扣掉小货车的油费2000日元，月收入就是3万日元。需要的工作时间，一个月大概是20小时。

有一种职业曾经在日本很流行，称为"便利屋"或"万事托"，他们依顾客需求做事，请他们代购物品，服务费大概是一次3000日元，一个月4次，就是1.2万日元，只有有钱人才能花钱购买这种服务。但要想做这种工作，就得锁定高级服饰之类的高价商品，或手头宽裕的顾客。

但如果是月入3万日元的代购生意，就要确实以不便购物的人为对象，这是此项月入3万日元生意的关键之处。另外，还要与代购的顾客建立起有人情味的互动关系，细心、体贴、诚信，形成良好的合作关系。

帮人代购的生意

- 提供代购物品的服务

  800 日元 / 人 ×10 人 ×4 次 / 月 – 汽油费 2000 日元

  = 月入 3 万日元

- 顾客是购物困难的人
- 重点

  ①在短时间能到达的范围内提供服务

  ②顾客限定 10 人，商店限定 5 家

  ③细心、体贴地为委托者购物

与酵母有关的生意

前面的案例都是能马上付诸实践的"月入 3 万日元的生意",这种生意有很多类型。那么,需要花时间准备的"月入 3 万日元的生意"就更多了,这是当然的事。

下面介绍一个与酵母相关的生意。很多日本人喜欢发酵食品,这是事实。味噌、酱油、日本酒、啤酒、葡萄酒、纳豆、面包、奶酪、米糠腌菜、泡菜、西式泡菜、酸奶……很容易就能列出 20 项左右的发酵食品。还有一些乍看之下很难想到是发酵食品的食物,比如,乌龙茶、笋干、柴鱼片、椰果、香草等。

我找不到日本人食用的发酵食品占全部食品比例的统计数据,于是跟身边的人了解情况,结果约有 15% 的人食用发酵食品。日本每户家庭的伙食费,平均下来是每月 71050 日元(2008 年总务省的统计)。如果乘以前面提到的 15%,每户家庭一个月花在发酵食品上的费用,大约是 1 万日元,一年为 12 万日元,10 年是 120 万日元。

我尝试着做过大部分的发酵食品,发现 4 个规律:第一,学会之后,做起来很简单,但也会觉得单调无趣;第二,有的发酵食品是自己做的好吃,有的则相反,卖的比自己做的好吃;

第三，有的发酵食品自制比买的便宜，有的则是自制的成本更高；第四，自己做的话，食材更健康安全。

所以只要用心，多些创意，在习惯后也不会感到无聊。选择自制比购买更便宜的发酵食品来做，就能愉快制作出安全、美味的发酵食品。

首先，选择一种自制比购买更好的发酵食品，然后想出一种长时间做这项生意也不会腻的方式。以这样的先后顺序来思考。例如葡萄酒，制作方法很简单，原料是有机葡萄汁。

在糖分高的浓缩葡萄汁中加入酵母，然后等待一段时间，就能变成令人感动的葡萄酒。每个人喝过我做的葡萄酒后都很感动。我将这种制作葡萄酒的方法教给20位学员，他们做出来的酒也令人赞不绝口。所以，比购买的便宜而又美味的发酵食品确实是能够制作出来的。

再举一个制作酸奶的例子。制作酸奶方法比酿酒更简单，只要在品质很好的牛奶中加入乳酸菌，然后在适当的温度下放置一天左右即可。乳酸菌种类很多，它并不是酵母，而是有益细菌中的一种。如果菌种好，刚做好的酸奶就会比外面卖的又好吃又便宜。

那么面包呢？虽然自制面包比不上专业师傅做的好吃，但自制面包刚出炉那一刻扑鼻的香味完全可弥补这个不足。如果你自己会做，自己烤的面包比外面买的更美味，花费的钱也更少。

这样的案例有很多，相似的地方都是要选用好的酵母。所以，将提供好的酵母和制作食品的方法作为生意核心，找10个不同地区的好朋友学习培育酵母和制作发酵食品的技术。一个人要学几年，容易半途而废。10个人一起学，很容易在一年内学成。学成后在各自住的地区开设自制发酵食品的课程，如面包、葡萄酒或啤酒。一个月只上2次，每期限定10人。这个人数既好招收学员，也好与学员建立良好友谊。学费为1500日元，合计一个月3万日元，另外提供的酵母及其他材料费为1万日元，扣除水电费及餐具折旧费等1万日元。一个月收入为3万日元。

你可能认为学员学会后就不会再来上课，但课程如果持续更新，并且有趣，学员就会一直持续上课。有些知名的烹饪教室，10年后还有很多学员来上课。因此不用担心学员招收问题。

准备一年时间，一个月收入才3万日元，可能有人感觉不划算。但为大家制作健康、美味又便宜的发酵食品，一个月只上2次课，一共工作10小时。这样能赚3万日元的生意，是不是很值得花时间去准备呢？

与酵母有关的生意

● 提供酵母，开设自制发酵食品的课程

　课程费 1500 日元/人 ×10 人 ×2 次/月 + 材料费 1 万日元 − 水电费等 1 万日元 = 月入 3 万日元

● 顾客是希望自己制作健康、美味发酵食品的人
● 重点

　① 提供能制作美味发酵食品的酵母并传授技术

　② 一个月上 2 次课，一次 10 人

　③ 培养学员兴趣，建立彼此间感情

制作太阳能烤箱的工作坊

日本用 50 年时间取得了堪称世界奇迹的经济增长速度,但也为此付出了巨大代价。代价之一就是令日本成为依赖型社会,什么东西都不自己做,都是花钱去买,为了买很多商品就必须有高收入,最后搞得人人身心疲惫,难以承受。这是一种畸形的发展状态,一些年轻人开始对此感到怀疑。他们希望自己能做些东西,希望人与人之间产生联系,于是各种工作坊出现了。

什么是工作坊?就是一群人聚在一起,共同制造某种东西的社会组织形态。多数工作坊与商业行为无关,但这些工作坊是月入 3 万日元生意的资源库。

我们来看一下制作太阳能烤箱的工作坊。太阳能烤箱利用太阳能工作,就是收集太阳能储存于烤箱中,类似于天然气烤箱。这种烤箱温度能达到 150℃,可以用来烹调食物。若经过特殊制作,温度能达到 200℃以上,完全可以用来制作烤面包或比萨。它跟太阳能灶具很像,都是收集太阳能,只是灶具收集到的太阳能多用来加热茶壶或锅。

太阳能烤箱的功能和天然气烤箱相似,但太阳能烤箱利用范围更广。在美国,太阳能烤箱比太阳能灶具更受欢迎,但日本却与此相反。

这种温度的烤箱只用在烹调上太可惜了，我们完全可以用它来制作烘干食品或厨余。我曾经做了一个专门用来干燥食物的太阳能烤箱，吃不了的蔬菜、水果甚至鱼，都可以制成美味的烘干食品。烘干后的药草还保有原本的绿色，也可以制成粉末。

为此，我们完全可以开展一个工作坊，让参加者自己制作太阳能烤箱。材料费1万日元，学费2万日元，最多收6人。在自己或朋友家就可以举办。2个月举办一次，可以让母亲和孩子一起参加，这种氛围一定很温馨。一年举办6次，36人参与，扣除材料费后有36万日元的年收入，每个月是3万日元。每次举办工作坊时所需的工作时间约为30个小时，一个月15个小时。

这种工作坊的内容要能吸引人，且收费要合理，一年能轻松招到36位参加者。我们上面讲过的太阳能烤箱，购买成品最少需要10万日元，而自己制作只需2万日元。

另一重点是工作坊要营造出愉快的氛围。若用理科生的刻板逻辑，认为只要能便宜做出好东西就好了，整个过程毫无兴趣，就不会有人来参加。请牢记快乐的原则，多多营造愉快的体验氛围。

制作太阳能烤箱的工作坊，只是为大家抛砖引玉，请参考这个案例，策划出其他能月入3万日元的工作坊。

▲太阳能烤箱（非电化工房供图）

制作太阳能烤箱的工作坊

● 一年举办 6 次制作太阳能烤箱的工作坊

（参加费 2 万日元 − 材料费 1 万日元）× 6 人 × 6 次/年
= 月入 3 万日元

● 顾客是喜欢自己动手制作东西，喜欢清洁能源的人

● 重点

①花 2 万日元做出市价 10 万日元以上的物品

②一次活动限定 6 人，一年只举办 6 次

③营造愉快的活动氛围

卖生的咖啡豆

5年前,我制作出了不用电的咖啡烘豆机。用它制作咖啡,从烘豆到做出一杯咖啡要花20分钟时间。可就是这样一台费时费力的咖啡烘豆机,5年里竟卖出了8000多台,而且在推广业务上,我并没有花费太多的精力。

如果是在30年前,在那个紧张而忙碌的年代,这种烘豆机肯定卖不出去。然而,随着时代的改变,"慢生活"和"慢饮食"等词语成了日本人的日常用语。用自己的双手苦练技艺,是件令人愉快的事,这种生活理念被越来越多的人认可。

慢下来,拥有25分钟时间去冲泡一杯咖啡,是一种多么美好、奢侈的生活啊。现烘、现磨、现冲的咖啡是美味的,而制作咖啡的过程也是很愉快的。现制的咖啡是没有氧化的碱性健康饮品,生咖啡豆的价格便宜,大概是烘好的熟豆价格的一半。

所以我们可以经营一项以较低价格让他人享受新鲜、美味、健康咖啡的生意。生意模式是找12位朋友,一个月举办2次咖啡派对,可以轮流在每个人的家里举办。参与者的费用是每人400日元,每次限8人,200日元的材料费,400日元减掉材料费后,剩下的200日元留给提供活动场所的人做水电费补偿。在派对的过程中，大家一起愉快地享受现烘、现磨、现冲的咖啡和烘培的饼干。

每8个参与者中，大概会有2个人被这种咖啡的美味感动，希望每天都可以喝到自己做的咖啡。那么，我们就可以为这些人提供咖啡烘豆机和有机咖啡生豆，价格大约5000日元。咖啡烘豆机的利润很少，而且可以使用50年左右，所以咖啡烘豆机的利润可以忽略不计。举办咖啡派对一年后，大概会有36名这种咖啡的热爱者。

每个咖啡热爱者所需要的咖啡生豆量（包括他想要分享给家人和朋友的），一年大约是10千克，因为一杯咖啡大概需要10克的生豆，一年的需求大概1000杯。烘焙好的优质咖啡豆，1千克价格约4000日元，这项生意以1千克2500日元价格提供不使用农药和化肥的优质生豆，这个价格是熟豆的60%左右，一年可以节省近2万日元，10年就是15万日元左右。这样算下来，5000日元咖啡烘豆机的投入是非常划算的。如果一年有36个人购买10千克的咖啡生豆，合计就是90万日元。其中利润可以达到40%，也就是36万日元。因此，这项生意完全可以保障月收入为3万日元。

经营一年后，举办咖啡派对的次数可以减为每月一次。人们虽然买了咖啡烘豆机，但会因为时间久了，对自己烘豆失去兴趣，如果没有新的购买者加入，经营者的收入就会减少。根据我的经验估算，在经营者努力的情况下，大概的流失率是10%

左右，那就需要每年新增9个购买烘豆机的顾客才能维持这项生意。那么如何让买家不觉得厌倦呢？可以一个月举办一次咖啡派对，让参与者不断尝试新的咖啡豆或新的品牌。更重要的是，要让人体验到有温暖的人际关系。

促成交易的关键，并不一定是便宜和好用，有时候"因愉快而买，不愉快不买"的感情因素更重要，所以一定要努力让潜在的消费者愉快购买。很多生意人倾向开发新客户，流失老客户，生意会越来越辛苦。而"月入3万日元的生意"建立在温暖的情感基础上，并不担心这些情况的发生。

▲咖啡烘豆器（非电化工房供图）

卖生的咖啡豆

- 销售有机咖啡生豆

  （1人1年2.5万日元 −1.5万日元进价）×36人 ÷12个月 = 月入3万日元

- 顾客是爱喝咖啡的人
- 重点

  ①提供使人感动的美味咖啡

  ②参与者享受自己制作咖啡的愉快体验

  ③以较低价格提供优质咖啡豆

  ④持续努力，让购买烘豆机的顾客不对自己烘豆煮咖啡感到厌倦

第三章

在地方乡镇创造出工作的原则

经济高速增长所付出的巨大代价

日本在 50 年内，创造了可称为奇迹的经济高速增长。原本日本的地方乡镇是以地域循环型的经济体系为基础，但国家的经济需要高速增长，地方乡镇也被纳入中央的体系，担任支援的角色，等到地方的资金和人力都集中到中央，再有条件地分配到地方。于是，原本的地域循环型经济体系迅速缩小，不久后，中央也没有能力再让工作机会和资金回到地方乡镇。这种体系是以经济持续高速增长为前提，因此，中央集权的体系和文化就这样残留在了各地。

现在看来，地方乡镇开始出现两极分化的状况。一种是希望在中央体系中存活，一种是希望自立体系。前一种状况下，乡镇虽然致力于吸引企业进驻、促进旅游业及当地特产的销售，经济却依然面临困境。因为中央和地方都一样面临衰退，市场变小。而后一种状况下，乡镇面临资金、创意、市场、人才、设备等都紧缺的情况，同样面临困境。所以，无论是哪一种状况，就业都不乐观。

未来，日本的这个经济体系会渐渐从中央集权型变成地方分权型、地域循环型。一旦转换成地域循环型，地方乡镇的工作机会也就会逐渐增多。但这种转换也会带来经济阵痛，致使国民生产总值锐减、某些权利丧失、短时间内工作机会消失等。在经济下滑，企业破产等重大阻碍之后，经济就会迎来大型转换。那么在转换之前，在社会、经济及生产体系上有重大改变的过程中，能否在地方乡镇中创造出工作机会。如果能取得一点成绩，将来也有可能成为指标，成为推动社会前进的一股力量。

在过渡期间，一定蕴藏着很多机会，并且是多元化的。在大的范围内选择生意的地点和方向，就有许多商机可以挖掘，若局限于一个小范围里，机会当然也会少。另外，由于处在经济过渡期，很多事情都在不断变化。请大家铭记。

原则1 要扩大范围去选择做生意的地点和主题。
原则2 想出能促进改变的生意。

重新激活

在经济转型的过渡期,创造更多乡镇工作机会的办法就是"重新激活"。即将从前被割裂开来的人、事、物重新联结起来。现在,经济全球化遍及世界各地,只要是人、事、物切割开来的市场,不论市场多小,全球化的触手都一定能触及。唯一对抗经济全球化的方法是重新激活地方乡镇企业。要想让地方乡镇繁荣起来,就要在地化,如地产地销。但需要注意的是,人、事、物的联结也不必局限于某个地区,只要能够持续发展,联结到世界也不是问题。表面上看,这种激活和全球化相似,本质却不一样。

原则3 激活是唯一的答案。

稻米脱壳俱乐部

首先是生产者和消费者关系的激活,也就是让生产者和消费者从对立关系变成互相融合的关系。通常,消费者都是购买厂家生产的产品,现在消费者或许能通过其他形式参与生产,让生产者和消费者之间能够产生持续的关系。

稻米脱壳俱乐部,这原本只是我的一个创意尝试,却意外受到很多人的欢迎。这个俱乐部里的成员在稻子收割的季节,以便宜的价格向农家购入大量尚未脱壳的米。未脱壳的米不会生蛀虫,也不会腐坏。等需要食用的时候,只取食用的分量,以不用电的稻米脱壳机加工。这样就可以吃到便宜、美味、健康的米饭。

消费者不仅购买米,也可以参与播种、收割和晾晒等环节。这样买米的人能买到便宜又健康的米,农家也能和消费者建立长久的联系。用这种方式处理米,还能省下低温储存米的电费。

实际上,用低温储存米和使用电锅煮饭等耗费的电力十分庞大。全日本用于这些方面的电力相当于4座标准核电厂的发电量,这个数字很惊人。耗费这么多能源,人们是否能获得既便宜又安全的稻米呢?答案是否定的。如此高的电量成本,如果不用出售高价米的方法来弥补，这种经济模式就无法持续。

在这种社会体系中，不只高价米如此，任何商品都一样。过度使用能源会对环境造成负担，虽然经济规模扩大了，但消费者的购物成本也在不断提高。那怎样才能改变这种社会体系？一种方法是改变政府职能体系，另一种方法是从下往上带动经济改变。社会经济体系的结构很复杂，改变不是一时就能促成的，但如果找到缺少的环节，就可能产生一个小的社会经济体系。也许，不用电的稻米脱壳机就是其中一个缺少的环节。

有机咖啡的公平贸易

我制作的不用电的咖啡烘豆机已卖出了 8500 台，虽是小生意，却意外受到咖啡爱好者的欢迎。

咖啡豆在生豆状态下，放几年都能保持碱性。但被烘干后，咖啡豆很快就会氧化。过一段时间再磨粉，冲泡出来的咖啡味道就没那么浓郁，饮用后对身体也不健康。与前面提到的稻米脱壳俱乐部的模式

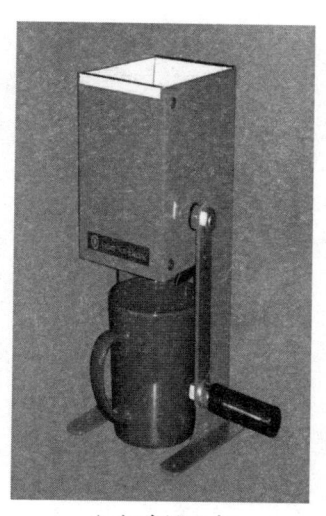

▲咖啡烘豆机

一样，消费者也能以便宜价格直接从生产者那里购买生豆，然后自己烘豆、磨粉，冲泡后就能享用原汁原味的咖啡。这样就可以用便宜价格享受美味健康的咖啡。要想每天能喝上这样一杯美味咖啡，就必须有一台烘豆机，而不用电的咖啡烘豆机正符合需求，它就是一个缺少的环节。

原则 4　让生产者和消费者之间加强联系。
原则 5　找出缺少的环节。

专门用来取得木柴的"柴薪山"

"柴薪山"(笔者创造的词)是指专门用来取得木柴的。以前，为了方便使用，人们会在近郊的山地，根据使用目的栽种薪炭林或用材林[1]等。而现在，这些山林已荒芜。这里所指的柴薪山就是薪炭林的翻版，只需多花一些时间将荒废的山林变为柴薪山。培育这样的柴薪山大概要6年的时间，然后将林木处理成木柴。想使用木柴来取暖的人可以和林地主人合作，帮忙疏伐树木以取得免费木柴。非营利组织的人可以售卖劈好的木柴，树木砍伐后可以再次种植。木柴的价格比煤油便宜，而且也能给年轻人创造出工作机会，非营利组织也能有收益。那须町有一个"环保圣诞老人"的非营利组织，负责人元规才30岁。我给他们提供过一些帮助，这个非赢利组织的主要活动就是打造柴薪山。

在日本，因经济效益低，被疏伐的森林仅占5%，疏伐木材的再利用率为10%。找到经济发展中缺少的环节，通常也能带来经济上的效益，柴薪山就是个例子。当然，这样待发现的环节有很多。

---

[1] 薪炭林及用材林，都是以培育用作燃料的木材为目的的人造林。

自盖房屋

在日本,自建房屋的人越来越多。有人完全是自己独立完成,有人借助木工或泥瓦匠建造房屋,还有人请其他热爱自建房屋的朋友来帮忙。从表面上看,这种形态似乎跟从前的自建房方式相似,实则不同。以前是邻居之间互相帮忙,现在是有同样理念的人互相帮助,在互相帮助中产生友谊。这是在信息时代中才会产生的模式。

原则 6 先有全球性共识,后有在地性友谊。

以自建民宿为例,经营者在地方乡镇用半自助的方式建民宿,木工在自己有空闲时来帮忙。民宿开业后,再从营收中支付木工的工资。这种合作方式,木工能在空闲时间工作,获得收入;自建民宿的人能减少前期投资支出,顺利开业。

在经济高速成长的时代,大城市的每个人都很忙,但在地方乡镇有空闲时间的人很多。现在,人们对人工费用的观念最好能调整一下。在自己有空闲时,就算工资不高,也能增加一份收入,也会让人开心。如果用这种方式善用有空闲的专业人士,项目完成时间就会变长，也就是一种缓慢工作。缓慢工作的好处是能减少支出，以及没有负债。如果支出庞大，就不得不负债，人的压力就会变大，影响生活质量。

原则7　缓慢工作，合理利用有时间的专业人士。

加强销售者和消费者之间的联系

销售者和消费者之间也要相互融合。这种模式不是顾客至上,而是顾客会成为朋友,而这个朋友会带着更多的朋友来光顾,如"与活动产生联动的咖啡馆"。这种文化性浓厚、气氛很好的咖啡馆,常来的人会带朋友来参加咖啡馆举办的活动。与他一起来的朋友,又会被咖啡馆的氛围吸引而成为常客。因此,会在咖啡馆举行其他活动时带别的朋友来参加,也就是咖啡馆和活动之间在不断地互相推动中。

位于东京国分寺的慢咖啡(Café Slow)就是一个代表性的例子。这家咖啡馆以缓慢文化为经营理念,传播以慢活、慢食为代表的缓慢文化。该咖啡馆每周举办一次活动,活动的形式多种多样,如烛光音乐会、脱口秀等,活动内容丰富多彩。参加活动的人很多,咖啡馆也很热闹。正是这种叠加效果,令咖啡馆的经营越来越好了。

原则 8　销售者和消费者之间的联系加强。

▲国分寺的慢咖啡（畠山裕也供图）

激活生产、销售和消费者三方关系

在融合生产、销售和消费者方面做得最好的就属守护大地会所了。守护大地会所是一个非政府组织,它的定位就是将追求健康的消费者与有机农家联结起来。该组织从1975年开始活动以来,已有15万名会员,对于推动日本的有机农业也有很大贡献。它的经济模式虽与合作社差不多,但专注于有机蔬菜,并让生产者与消费者直接产生联结的这两点,却与合作社不相同。

原则9 将生产、销售和消费者三方关系激活。

复业化

在地方乡镇，也有复业化现象。复业不是相对于主业的副业，而是几个主业同时存在。我们所说的做10个"月入3万日元的生意"，就是复业模式。事实上，在文明转换期间会出现复业化的现象。当一个文明发展兴盛时，一定会走向分工化。文明发展兴盛时，价值观、社会体系及文化都已确定，身份和收入也稳定，也就没有改变的动力。当没有改变动力时，社会就会朝分工化发展，既轻松又有效率。但分工会使个人工作范围变窄，对他人及物质的依赖程度也会越高，经济规模也因此扩大。不只是工作，有时政治和艺术都会分工化。分工化会使一切失去创造性而变得毫无生机。在日本经济高速成长的时代，就是走向使经济更容易成长的分工化。以建筑师为例，在经济高速增长的时代，必须不断新建房屋和大楼，这些建筑并不需要个性和创造性，只需快速兴建并且有好看的外观。为了适应这个需求，出现了大量分工化后的建筑师。他们的知识体系只是分工化后的技术，而不是如何才能产生价值，如何才能实现技术的理论能力，很难在变化的时代中发挥价值。

原则 10　复业化。

一半咖啡馆，一半其他

一半咖啡馆，一半其他，对咖啡馆来说都是主业。但其他项目的经营必须能和咖啡馆产生叠加效益，即两者能够彼此带动，效益也都能更好。前面提到的与活动产生联动的咖啡馆，就是"一半咖啡馆，一半其他"模式中的一种。

比如一半咖啡馆，一半药草园。咖啡馆可以提供好喝的药草茶，以及加入药草的果汁、有机咖啡和药草蛋糕。店里每天都飘散着不同草药的芳香。借由茶、香气，还有草砖房等的搭配技巧，让顾客身心愉悦，消除压力。药草园除草药外，还能制造及销售如药草、香皂之类的产品。当然，经营这个咖啡工作坊是重点，通过这个工作坊能让顾客在良好的环境中学习草药知识及栽培方法。

这个工作坊与制作高中女生喜好的干燥花草类工作坊不同，是学习印第安文化中如何利用草药的文创工作坊。咖啡馆里的顾客变成了工作坊的参与者，参与者变成咖啡馆的顾客，这就是叠加效果。当然，也可以通过网站等媒体介绍这种咖啡馆文化，扩大影响。在拥有知名度后，可以在全国各地开设药草民宿等，扩大发展。

在滋贺县湖北町的乡村开展的"上山田自助村计划",也是一种多元经营。在2008年秋天,"种米的木匠"清水先生和"盖房子的农夫"松本先生成立了自助学堂。学员要花3年时间,系统地学习务农和建造房屋的知识。每个月学习25天,一天10个小时。这种高强度的学习压力很大,但比学木工要当6年学徒轻松多了吧。

原则11　思考出几种能产生叠加效果的工作。

有机农场志愿工

经营者和员工也可以形成互助关系。我们先来讲一下什么是有机农场志愿工。有机农场志愿工就是想学习务农的年轻人用自己的劳动换取有机农家供应的免费食宿。因为有些农家需要劳动力,但支付工资压力很大,而想学务农的年轻人则无力支付学费和食宿费,所以他们双方可以形成互助关系。这也是一种互利的合作模式。不光是有机农业,其他领域也可以推广这种模式。

原则 12　采取有机农场志愿工的模式。

减时可以增效。再用咖啡馆举个例子,例如一周只营业 24 小时。在繁华的大都市,一般每周营业 72 小时,但地方乡镇的营业时间只有大都市的 2/3。营业时间以外,经营者和员工可以一起种菜、制作燃料等,然后可以用实物支付工资。也许有人认为一周只营业 24 个小时的咖啡馆不会流行,因为稼动率太低了,无法获得利润。但这样的情况只会在大都市出现,都市里的咖啡馆在房租和装潢上投入很大,就会有稼动率的问题。大都市里的人口多，一周营业72小时也有顾客光顾。但乡镇人口本来就少，顾客也少。就算营业72小时，估计有48个小时咖啡馆里没有顾客。还不如就营业24小时。还有，乡镇里的咖啡馆不会在房租和装潢上花太多的钱，所以也就不存在稼动率的问题。

有间名为"tamiser黑矶"的店，坐落在栃木县那须盐原市黑矶站前。建筑物本身很陈旧，且只在周一、周二营业，但这家店的生意非常好，也有盈利。生意之所以这么好，是因为经营者在周三到周日会开展其他工作，而在做其他工作的过程中所产生的链接，让这家店顾客不断。这种独特的魅力与流行完全相反。在经济高速成长时，流行是必要的，但在经济下滑时，应该追求与流行完全相反的多样性和创造性。

原则13　缩短营业时间。
原则14　思考与流行相反的模式。

小型在地化

在经济全球化下,社会体系、产业体系和经济体系不会很快就转变成地域循环型经济。这是一个缓慢的过程,然后会在某个时间节点加速转变。如今,这个缓慢的阶段已经开始。"地产地销"一词已经为多数人所熟悉,但这种地产地销的模式仍只停留在食品方面,这也是因为食品适合本地产销。住在乡村的人,能就地获得健康、美味的食品,不会高价购买不新鲜食品。所以,产业体系如果能做到小型在地化,就能让食物以外的事物同样在地化。

原则 15　产业体系做到小型在地化。

实现在地化的条件

与在地化最不匹配的产业,应该是金融和工业制造。但只要有科学的商业模式,金融和工业制造也能实现在地化。虽然只是小型在地化,但改变产业体系,就会与既有的利益相抵触,会遭遇阻碍。所以,从不会与既有利益相抵触的环节来改变是较好的做法。实现在地化,要具备以下6个条件:①尽量避免与既有利益相抵触;②要对消费者有利;③能创造新的工作机会;④与社会高度联结;⑤能够形成商业模式;⑥可以从小规模开始。其中最重要的是能够从小规模开始,规模越小实现的可能性就越高。

但也有人会从与既有利益有重大抵触的部分开始改变,想尽办法引导舆论。这也是一种很好的转变方式。

原则 16 从小规模做起。

推进在地化

在地化在乡镇发展中有需求，但不知道该如何落地。所以，在地创业家可举出创新实例或提出商业模式，推进经济在地化发展。如果将推进在地化这件事本身当作创业项目，应该能和推动在地化一起产生双倍效益。

之前有县级政府官员向我征询产业政策意见。我给出的具体建议是："可将低碳环保与在地就业机会定为方针，将技术性不高的工业制品转为地域循环型的模式，县政府可以将用于振兴科技产业预算的一半支持经济在地化发展……"他们听完感觉很获益，但还是认为不好实现，因为这种大型计划很难推进。

原则 17　经营推进在地化的生意。

经济规划一般由政府行政部门主导，利用国家资金多部门一起开展。这种方式今后会越来越多，例如日本现在推行的"农工商合作"，就是推动企业与个人合作的形式。但若无法整合各方资源，推进过程就会变得混乱。这种形态对在地化虽然会有些促进作用，但不必期望太高，因为他们的出发点不是要将经济体系、产业体系转换为地域循环型，而是整合资源推出新产业。

橘子是和歌山县田边市秋津地区的特产，因此当地开设了果汁加工厂，也利用废弃的小学校舍经营菜园餐馆，创造出了一些工作机会。他们这种地产地销的模式在日本很受关注。不过，他们的成功是因为本地的土地资源丰富。

想要顺利推进在地化，首要条件是建立地方社群及取得充裕资金。高知县马路村成功将柚子汁产品化并销往全国也是一个成功案例。生产者虽缺少资金，但得到了乡镇在资金等方面的全面支持。岩手县住田町盛产住田杉，他们大力推动木柴颗粒燃料项目，并配套开发木柴颗粒燃料暖炉，让木柴颗粒燃料和颗粒燃料暖炉变成住田町的特产。

与前面的例子相似，由市町村等地方主导推出特产的案例很多。但这种方式仍然是传统做法，如住田町的木柴颗粒燃料。木柴颗粒燃料和木柴一样，都是可再生能源，使用可再生能源这种可循环的能源作为取暖燃料，当然对保护环境有利。可木柴颗粒燃料又跟木柴不同，是工业化生产，且易于流通，可以全球化发展，结果会面临与其他木材相同的状况。虽然原本的出发点是要活用在地资源，创造出在地工作机会，但最后还是被全球化。不能让在地资源以这种方式全球化，而要让它在地化。所以，灵活开发在地资源，创造在地工作机会，保有持续性非常重要。

在大分县竹田市，高野将先生经营的竹田联合出租车公司所从事的业务就很特别。他发明了将废弃塑胶转化为燃料的设备，分为家庭用和营业用两种。他将由出租车乘客提供的废弃塑胶还原为出租车燃料。对于提供废弃塑胶的乘客，他会给予相当于还原燃料一半价格的坐车券，另外一半则作为接送病人及老年人的出租车费用。高野将先生的这种经营模式，深受市民喜爱。

将能源在地化的生意不仅有着重大的社会意义，也有着很好的经济效益。前面提到的柴薪山也是其中一例。

原则 18　思考出将能源在地化的生意。

自给自足

生产者和消费者相互融合的终极形式是自给自足。想要提升全国的自给率,没有政策支持不会有什么进展,因为出口工业产品仍是日本的基本政策。同样,各县级行政区域的自给率也面临同样状况,因为不可能有以县为单位的社群。相比之下,小社群的自给率和家庭的自给率会有提升。

当下,有很多日本人质疑"自己不动手,一切都花钱买"的生活方式。我认为,今后人们应该会越来越渴望自己动手自给自足。日本用了50年不断扩大经济规模,造成了人们对社会的高依赖,让日本人成了"自己什么都不能做"的国民。正因如此,在日本推动"自给模式"的生意是行得通的。

依赖型社会的形成

第二次世界大战之后,日本经济从自给自足的贫穷状态开始,半个世纪后,日本的经济发展繁荣,社会物质丰富。随着经济的增长,自给率也显著下降。从另一个角度看,日本人就是由于对他人、对物质的依赖,经济繁荣才得以实现。但依赖的程度如果超过某个界限就会出现问题。例如生产者与消费者之间的距离。

众所周知,日本人所吃的食物是从世界各地送来的。如果生产者和消费者之间的距离太远,产地伪造和使用农药的情况就会出现。

另外,依赖程度越大,人就不想自己思考,自我生存的力量就会变弱,患病的概率也会增大。所以,现在这样的时代,我们应该讨论的主题之一是提升自给率。

提升地方乡镇的自给率

推动自给模式的生意，也会创造出地方乡镇的工作机会。原本，地方乡镇的特征，应是居民自己能制作食材、燃料以及盖房子，并和身边的人以物换物，所以生活中不需要太多的支出。自给率高，收入少也不会有问题。

但随着经济高速增长，大都市的依赖型社会形态也在地方乡镇出现，变成什么东西都得用钱买。虽然各种名牌和地方乡镇风格不搭，但这种景象的确存在。这样的生活支出必然增加，也必须有高收入。最后的结果是地方乡镇的人也得拼命工作，甚至有时入不敷出。

收入减少的情况下，只要支出减少就能够维持平衡。为了减少支出，就要提升家庭的自给率。理论上提升地方乡镇的自给率很容易，可现实并非如此。

日本经济高速发展50年，促使依赖度不断提升，结果造成人们自给自足的能力衰退。而且，现在的人想要动手去做，却什么都不会做，甚至为此感到焦虑。

所以，推动自给自足模式的生意是有前景的，还能让社会变得可持续发展。

原则 19　思考可促进自给自足的生意。

九大类别

生活领域可分为衣、食、住、行、能源、医疗、娱乐、教育、资讯这9项，家庭中所有的支出都包含在内。让我们试着列一张表，以全国、地区、家庭等不同计算范围分别思考这9项的自给率，共要填入27个数字。有没有统计资料作为依据都无妨，没有就自己估计一下。这种数据，自己凭感觉估计一下，也和事实相差不多。以食材的自给率来说，大家都知道，日本的食材自给率是39%，家庭的自给率也容易估算。至于地区的自给率，如福冈县居民的食材，其中有几成产自福冈，这种数据谁也不知道。但还是能大致估算一下，然后将数字填入表格。目前的自给率以黑色字填入，理想中的自给率，则以红色字填入。全部填好后，看一下整张表，你应该会为黑色字和红色字的数目差距之大而感到惊讶。事实的确如此，理想和现实的差距其实很大。虽然这个差距等于潜在的可能性，但很多人并未意识到差距变大的事实，因为变化的速度太快。这种状况不只发生在自给率上。

注意现实与理想的差距

这 27 个数字填好后，就能实际感受到现实和理想的差距有多大，但同时也能看到潜在的可能性有多大。但这样做了，也还是想不出做哪项生意，因为这 9 项类别太大。与社会评论不同，要当作发明或创业主题的话，分类必须更具体。就像食材，光说食材，范围太大，要再加以细分，但就算分成谷物、蔬菜、饮料、香料等，范围依旧很大。例如饮料分成水、绿茶、乌龙茶、咖啡、果汁等，这种分类就比较细致。细化到这种程度后，再思考 3 个不同计算范围的自给率，比如，乌龙茶的家庭自给率目前应该是零。或许有人觉得乌龙茶理想的家庭自给率也是零，但应该也会有人持有不同的想法。一方面，乌龙茶具有消除肠道及血液中多余脂肪的功能，所以，人们对它的需求程度会越来越高。另一方面，听说进口乌龙茶的农药含量很高。所以，如果是让年轻人自己做出安全、好喝的乌龙茶，或许有不少人会觉得"我能提供可满足潜在强烈需求的感动商品"。事实上，我也这么想的，只是还没有去做。

请试着将下页表格中的 9 项类别最少再分成 100 项的细项，有耐心的人也可以分成 500 项左右，分得越细，产生的主题就越多。要细分成100项左右，需时大约30分钟，但也能因此得出50个左右的创业主题。

	全国的		地区的		家庭的	
	现实	理想	现实	理想	现实	理想
衣						
食						
住						
能源						
医疗						
娱乐						
教育						
资讯						
交通						

原则 20　尽量细化，以想出推动自给模式的生意。

包含五个要素的组合

对发明家或创业家来说,要提升整个国家的自给率,恐怕有心无力。若提升一个小地区或一个家庭的自给率,能力就刚刚好。下面这种包含五个要素的整体思考方式,可以提供给非常想提高自给率的人:①工具;②材料;③专业知识;④同伴;⑤契机。

这样,连原本完全不为所动的大叔都会动起来。在不同时间分别提供这五个要素,他们有可能不为所动,但如果整套一起提供,就有可能有所行动。这是我发现的一个规律。若认为理工科出身的人擅长做东西,所以只给他们工具;或只给文科出身且喜欢理论的人,提供专业知识;或只给与运动或宗教相关的人,提供同伴,这种做法完全不对,无法让任何人开始行动。必须同时满足上述五个要素,而且其中最重要的就是同伴。大企业家可以通过砸钱来举办活动,而发明家和创业家不具备这种财力,能借助的只有共识与愉快的体验,所以说同伴是很重要的因素。如果意识不到这点,做生意就不会有乐趣。

原则21 将工具、材料、专业知识、同伴和契机这五个要素当成整体来思考。

免费提供专业知识

提升自给率的生意,是免费提供专业知识、同伴和契机的生意。"怎样保住自己的专业知识和顾客?"这是 20 世纪生意形态的重点,而现在是 21 世纪,资讯和网络非常发达,分享自己的专业知识和人脉,才能聚集更多的人。

提供工具的价格则只要不赔钱就行。如果想借由销售工具产生巨大利润,进入门槛就会变高,不会有人参与。那要从什么地方获利呢?答案就是材料。要让顾客能继续购买材料。但要做到这一点,就必须不断提供持续的愉快体验。如果懈怠,顾客就不会再继续购买,或是从能提供愉快体验和便宜价格的其他渠道购买材料。这是必然的,毕竟现在是网络时代。所以,要不断提供持续的愉快体验,这样才能成为好生意,自己也会感到快乐。

原则 22 靠材料获取利润。

节约的生活状态

节约的生活状态是在地方乡镇创造工作过程中最重要的事。要减少支出，就得提升家庭的自给率。例如，食材和能源尽量自己生产，衣服也要自己做。不过，如果觉得自己动手做并不是开心的事，就会出问题，这是首要的。如果不开心，自给的状态就难以长久。

原则 23　要能愉快地实践节约的生活状态。

如果将乡村型支出和半都会型收入组合起来，衣、食、住、行、能源、医疗、娱乐、教育、资讯这 9 项中（如果扣掉税收、年金、保险、存款，这 9 项可说是涵盖了所有支出），只有资讯这项是都会型的消费，其他 8 项都是乡村型，也就是可自给或以物换物的。说到自给，我们通常只会想到食物，但吃饭所花的钱不是支出的全部。除资讯外的 8 项，都应该思考如何做到自给。大量减少支出，必要的收入也大量减少，因此，能聚焦于自己真的很喜欢的事物上，也容易跳脱常规和流行的局限。如今，人们追求的其实就是这样的状态（但一定要让人觉得很棒)。将这样的物品或服务当成商品,然后由都会型的人通过网络销售得到半都会型的收入。

原则 24　组合乡村型支出和半都会型收入。

愉快地进行自给活动

能否很快地体验到自给的乐趣，是我们要面临的问题。如果为了自给必须勉强做长时间的辛苦劳动，就无法长久。不仅肉体和精神上很痛苦，而且也没有时间和精力去获取收入。愉快地进行自给活动，要具备以下四个条件。

一是必须塑造出喜欢自己动手做的文化。虽然只要愿意参与适度的生产活动，大多数人都能乐在其中，但还是有不少习惯于依赖型社会的人认为自给等于悲惨的事，他们或许会有抵触。改变文化需要时间，要从小事开始。名牌衣服很漂亮，但自己设计和缝制的衣服也很美。

二是不必一口气将自给率提高很多。只要在自己的能力范围内愉快地做即可，不必马上做到完全自给自足。比如"三年后要做到三成自给"这种程度可能比较好。

三是适当的技术。但不必过分拘泥"一切都要动手做""完全不使用电力能源"等。就像种植谷物，假设谷物收成后全部用于造酒，那么，也可以将由此获得的能源的一成用在栽种上等，像这样宽松一点的标准会比较好。

四是同伴。和志同道合的伙伴一起工作，只要不太辛苦、不计得失和头衔、不太好为人师,那么无论如何都会乐在其中,变成好朋友。每个人都有擅长和不擅长的事,同伴间也可以分工、以物换物。同伴不一定住得近,若住得远,平常就以电子设备联络,互相交流,偶尔再像是旅行一般去对方家里住、一起动手做……这样的形式,今后应该会出现吧。

原则25 文化、慢节奏、适当的技术、同伴,是愉快地进行自给活动的四个条件。

减少支出的生意

如果能花点心思在短期间内愉快地做到自给,这个知识本身应该也能变成一门生意。有这种方法的话,一定会有很多人想学。因此,传授方法本身也可以成为生意。此外,应该也有很多提供工具和材料的生意。

原则 26　思考能愉快自给的生意。

初期投资和贷款为零

假设想出的点子是在地方乡镇经营图书馆民宿，那么，藏书的类别可锁定为一个小范围，反正不是大城市的图书馆，缩小类别反而事半功倍。比如，可限定心理类书籍（虽然我本人并不喜欢）。锁定一个特定类别就可以连罕见的书都能收集到。民宿本身也要呈现出适合阅读的氛围，外面的景色、椅子、照明、装潢、音乐，也都要让人觉得很适合阅读。连饮料都是适合阅读时喝的。民宿老板则是对这类书籍有很深的造诣、能提供很棒意见的人。

也可以视情况安排房客互相交流，或是举办与书籍类别相关的活动，请房客表达感想。然后将感想放上网络匿名公开，让交流也能够在网络上进行。民宿所使用的椅子和照明器具也可以在网络上销售。

这项生意如果一开始得花钱投资，之后就无法获利，但如果初期投资趋近零，就会非常有趣，也一定能产生利润。

原则27　思考不需要借钱也能让商业模式成立的方法。

生意的点子可以想出很多，多数点子如果刚开始不用花钱投资，就非常有希望成功。一旦初期投入太多钱，就会变成思考不周的莽撞行为。在地方乡镇要进行一项新生意时，几乎都是这种状况。

能做到初期投资为零的复业，那就会天下无敌。所以，评估生意时要问的不是"什么生意有机会成功"，而是"怎么做才能一开始不用花钱或借钱"。地方乡镇有非常多不用花钱投资或贷款的可能性。譬如，想在美丽的郊山盖10间只有在童话故事中会出现的漂亮草砖房民宿，每一间的设计都不相同。就算只有一间，有的民宿也可能会收到国外旅客提前半年的预约（像是先前提到的澳大利亚民宿），感觉上，这间民宿似乎也可能在半年前就约满。因此，也可顺带联想出很多有趣的可能性，像是在民宿周围开设咖啡馆及商店，或举行活动。

资金作为一个大问题，如果直接委托建筑商整批新建，一间66平方米，需要1000万日元，10间就是1亿日元。假设贷款10年，每个月要还110万日元，每间民宿一天的毛利为1万日元的话，想要还到收支平衡点的稼动率是37%。由于是否赚钱还不确定，所以让人无法做决定。

可如果将这个生意模式带到人口大量外流而陷入困境的小镇，镇长一定会非常高兴，或许会免费提供已经成为废墟的10间民宅，道路的整修也由小镇出钱。然后，可举行工作坊，将老旧民宅改建成为草砖房。在费用上，改建一间需要100万日元，十间要1000万日元。可以一开始由志同道合的10人各出20万日元，改建两间草砖房。并且如果是这个金额，或许小镇也会愿意出。民宿一晚收2.5万日元，稼动率为30%的话，一年的收入为274万日元，其中又能拿出200万日元再改建两间。以这种方式进行，4年内就能盖出10间民宿。

也有其他的方式。比如，找来20位同伴，先一起盖出2间民宿，只花费时间和材料费。材料费一间是200万日元，所以两间分摊下来，每个人出20万日元。至于土地，则是免费租借（如果在乡下就有可能实现）。之后就和前例的做法相同。6年内可盖好10间民宿。再或者也可以一间1000万日元的价格，将民宿卖给大城市的上班族。上班族平常可将民宿当作别墅使用，不使用时就当成民宿出借，业务和经营则交由地方创业家代劳。民宿的收入则由持有者和地方创业家以1∶3的比例共享，稼动率为30%，一间民宿一天的住宿费用为2.5万日元的话，持有者的年收入为68.4万日元，创业家的年收入则是200多万日元，就算扣掉必要支出，实收也有一半左右。

彩虹公司

事实上，没钱的人能在不借钱的前提下创业，正是在地方乡镇创业的乐趣。在大城市中无法想象的事情，却可以在地方乡镇实现，比如彩虹公司（Rainbow Company）。这家知名的彩虹公司位于澳大利亚布里斯班近郊。虽然出名，可我去拜访时，却为它的朴素而震惊。可仔细想想，正因为朴素，它才能被经营得很好。

彩虹公司的所在地，是乡下的一栋破旧两层楼建筑（建筑面积为1000平方米左右）。内部杂乱地陈列着太阳能电池、太阳能热水器、小型风力发电机、小型水力发电机等。拿太阳能电池来说，就有日本制造的夏普、京瓷、三洋等，还有中国、美国制造的，共计20种左右，排在一起。控制器和电池等也有10多种。与设备相关的零件也很多。装设太阳能电池的教材（书和CD）也很多。在澳大利亚，想善用自然能源的人多半都会来这里。有人只是来看看，有人来学习，有人是来采购零件及设备的，还有人是来下委托单的。乍一看，这里像是自然能源的百货公司，却又与百货公司不同，很朴素，还经常开办工作坊。比起销售，彩虹公司更注重教学，所以有很多人会来。因为来的人很多，销售状况也不错，所以进货价格也能变得更便宜。用生意来说，它的运作方式很聪明，秘诀则是不花钱。正因为它是开在乡村，所以能实现这种模式。

原则 28　比起销售更重视教学。

在靠近乡下的地区开荞麦面店

明确定义自己住的地区和顾客住的地区非常重要。我们来试想一下,在一个靠近乡下的地区新开一家荞麦面店的状况。今后,地方乡镇的生产总值毫无例外地会减少,而税金、水电费、社会福利等费用一定会变多,也就是我们的可支配收入一定会减少。假设,人口2万的小镇原本有5家荞麦面店(全日本平均每1万人有3家荞麦面店)。也可以理解为这个小镇一直以来的荞麦面店市场,可以让5家荞麦面店共同生存。可随着镇民的生产总值减少,荞麦面店的市场也会缩小。若是这样,5年内或许就会有1家店关门大吉。在这种形式下,如果开一家新的荞麦面店,会发生什么状况呢?若是新开的是天才手打荞麦面店,可能会抢走大概2家店的顾客,这样,原本5家店就得去抢剩下3家店的客人,为了生存,必须一直竞争,直到有2家店撤退为止。也就是原本分享市场的人会被迫去抢夺市场。如果新的荞麦面店师傅手艺很一般,则什么都不会发生。新开张的普通荞麦面店只会呈现空荡荡的情景,因为越是乡下,顾客的忠诚度越高。这个荞麦面店的例子中,自己和客人的所在地都是靠近乡下的地区,生意形态则是经营荞麦面店。

自己住的地区	顾客住的地区	生意类型
靠近乡下的地区	靠近乡下的地区	经营荞麦面店

如第161页图所示,做生意必须明确自己和顾客的所在地,思考该地区的经济状况和顾客的倾向。

顺带一提,一直以来,竞争型的行销理论,都只考虑"市场的成长"及"竞争优势",并通过"投资金钱"来满足两者。而资金则是靠贷款。当然,必须能预估回收。若遵循这个理论,就需要找出某个能预见成长的荞麦面店市场(如新兴住宅区),然后投入资金,开一家像样的店铺。而这种地区已经不存在了。

原则29 定义自己和顾客所在的地区。

定义地区

让我们用横轴表示自己所处的地区，用纵轴表示顾客所处的地区，然后在下页的图上呈现工作的形态。所谓大型城市，指的是东京或横滨等。中型城市，比如宇都宫市市区、新潟市市区、群山市市区，小型城市像是逗子市、芦屋市或福岛县须贺川市。靠近乡下的地区则指的是栃木县大田原市或埼玉县饭能市的规模，中度乡下的地区则是那须町、福岛县西乡村，极度乡下的地区则是无人知晓的偏僻村庄。上述的例子中的荞麦面店，是处于 A 的位置，并不是很好。

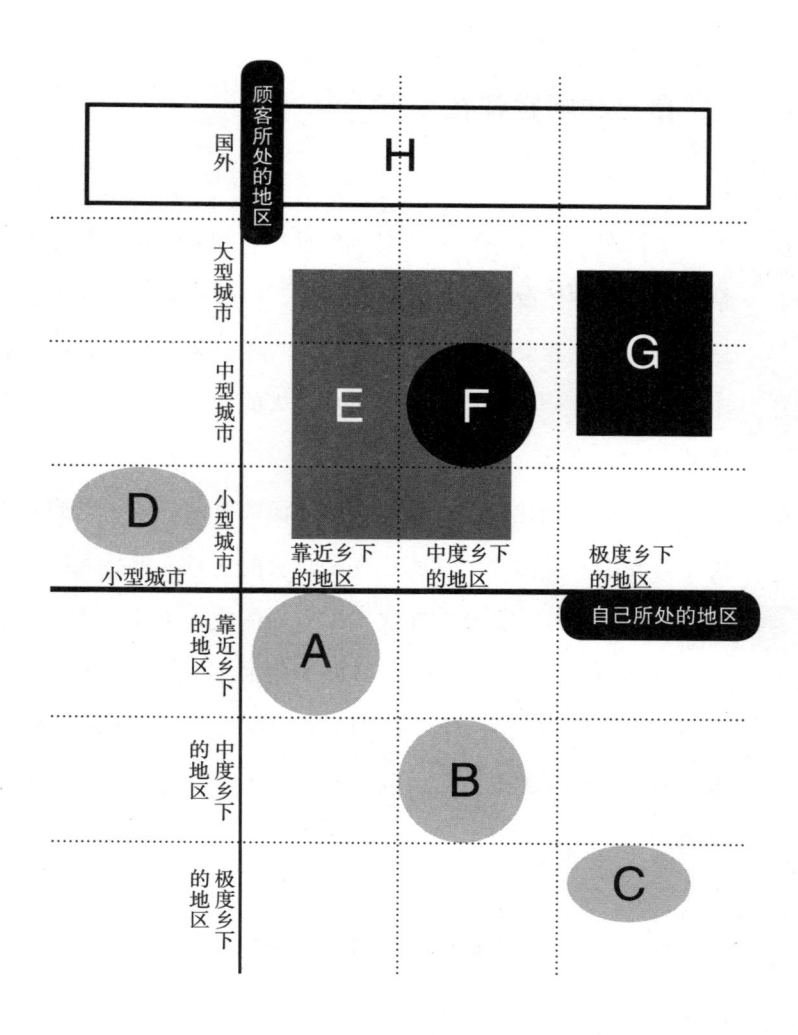

▲位置分析

自己和顾客都在乡下

上页图中的A、B、C，显示的是自己和顾客都身处乡下的情况。在这种情况下，想开创新生意，就像前面提到的荞麦面店这种传统生意会很困难。乡村里的人不是紧守钱包，而是囊中羞涩。若有一种工作能够充实乡村人的钱包，那么就会很受欢迎。

想要充实钱包，可以是提供新能源的方式，或是彻底减少每个月支出。前面介绍过的稻壳隔热板的生意，就是能提供给农家的生意模式，让他们在农闲期有新的收入来源。至于每个月彻底减少支出的生意模式，也能想出很多。请再思考一次支出的9大类别：衣、食、住、行、能源、医疗、娱乐、教育、资讯。地区不同，这9类支出所占的比率也会有差异，这要在个案中思考。

原则30　思考能充实乡村人钱包的生意。

忘掉家乡

在地方乡镇开创事业非常重要的一点是,不能在家乡做。重视自己的家乡,想在家乡生活,这是人之常情。但须认清这只是过渡期(10～20年)。过渡期的改变多元且有局部性,合适的创业场所和创业主题只是少数,更多的是有很多不合适的创业场所和创业主题。如果坚持要在家乡创业,就有可能做出错误的选择。

事实上,想要在地方乡镇开创事业却无法顺利进行的最大阻碍就是坚持在家乡做。询问这些坚持者的理由,会得到很多答案,比如有自然美景、富有人情味、有独特的文化等,可这些部分其他地方也有。坚持在家乡创业的人真正的理由,或许是出于依赖的心态。自己既有地方住,也有亲戚和熟人,也熟悉当地的一切……但请再次思考一下,目前是过渡期,也就是多变的时期。所以,推动改变的人能产生价值,拒绝改变的人,则会陷入被动局面。所以,在家乡创业,可以等年老后再付诸行动。

原则 31　不在家乡创业。

自己住乡村，顾客住城市

161页图中的E、F、G，显示的都是自己身处乡村、顾客住在大城市的情况。住在乡村的自己给住在大城市的顾客提供商品（产品或服务），这包含了两种类型：一种是顾客不动，自己将商品送至顾客手中；另一种是自己不动，顾客从大城市来到乡村。例如，开设有机棉加工课程就是后者。经营者在乡村种植棉花，但这只限气候温暖的乡村。棉花田旁则附设教室及民宿，使用的建筑是免费取得并经过改造的老旧民宅，在里面开设有机棉的工作坊。工作坊基本上是10堂课，参加者也可选择单堂课。

①种植棉花；②棉花收割、轧棉、棉纺织；③染色（草木染）；④织布一；⑤织布二；⑥设计一；⑦设计二；⑧缝制一；⑨缝制二；⑩复习。

每堂课，为期三天两夜，每月一堂，学员可住在附设的民宿里。在这里，学员能饱览美丽的乡村风景。民宿也要安排许多能催化友谊的元素，比如备有柴火暖炉和葡萄酒。午餐则是由合作单位提供有机便当，晚餐就安排在合作的农园餐厅，泡澡则是去附近合作的温泉。学费含材料费、住宿费、餐费，一堂课收3万日元，整套课程则是25万日元。学员每个月上课一次，需时10个月。课程结束后，从种植棉花到缝制衣服的一套操作学员便可独立完成。此外，如果有学员想参加进阶课程（住10晚，15万日元），您还可以自己开分校授课。分校的制棉和染色课程则可借校本部的场地进行。

原则32　让大城市的顾客愿意来偏僻的乡村。

有人可能会觉得25万日元太贵，但共计住宿20个晚上，70顿饭，还包含材料，这个价格其实比一般行情（50万日元左右）便宜得多。相反地，可能也有人会担心只收25万日元会赔本。工作坊是开在乡下，还是会有足够的利润。但先决条件是使用的房子必须是免费的。即使大城市里有很多单教织布或染色的课程，但都脱离不了个人爱好的范围。从种植棉花到缝制衣服的一整套教学，大城市里多半没有，毕竟要在大城市里教这种课程有难度。而大城市人对这种学习实际上是有强烈需求的，因为人们会觉得这样能让人生更丰富，也能交到好朋友。如果能上到进阶班，还有开业的可能性。所以也有不少人觉得，合计40万日元的学费很便宜。像这样，在乡村工作，却在大城市里创造出工作的可能性，这一点就很有趣。

这项生意有很大的发展空间，毕业学员（包括分校学员）会一直累积，他们会需要相关机器和材料，所以，经营者可持续供应，收益也能一直累积。这部分的原则和原则22、原则23相同，请别忘了营造愉快的体验。另外，也可以同时在网络上销售，多少增加些营收，但也不必过度期待、搞错方向，通过网络销售的目的是持续增加学员。网站的呈现方式，也请注重营造愉快的体验。

原则33 人在乡村，却在大城市里创造出工作的可能。

前文提到的彩虹公司，也是让城市里的顾客主动来到乡村的模式。这类模式必须借助两个条件：一个是要让大城市的顾客强烈感受到商品或服务的价值，另一个是要有在乡村进行的必要性。

原则34 非常具有价值和在乡村进行的必要性。

从乡村送货到大城市

自己住在乡村、顾客住在大城市（161页图中的E、F、G）的另一种生意模式，是顾客不动，自己从乡村送货去大城市。农产品和特产的产地直送就是这种。这种方式不能以特定的多数顾客为对象，否则一定会面临全球化的趋势，而是必须和特定的少数顾客维持固定的关系。

例如，生意主题可以是修复不靠电力运作的老旧机械产品，重现其原本的美丽。维修后的脚踏式缝纫机、机械式时钟等不靠电力运作的古董，可在乡镇展示及销售，同时通过网络做全国性销售。由于只经营不靠电力运作的古董，这项生意便有了明显特色。再加上精准维修技术，又会产生附加价值和特殊性。展示点设在乡镇，就能以较少的费用拥有宽敞空间作为展示场地、维修工厂及仓库。乡下有很多老房子还可住人，在此开业也有利于收购古董。然后，再组织一个这类古董爱好者的联络网。当然，一定要办网络或面对面的交流会和研究会，还可以举办一些将爱好者定位为伙伴，而非消费者的相关活动，像是寻宝活动、修复古董的技术训练，以及市集等。

像这个例子一样，如果是从乡下销售商品到大城市的模式，商品和顾客都要锁定为小众群体，并且提升商品与技能的特殊性，举办能和少数特定顾客加强联结的活动。若是不注重这一点，就会陷入出现竞争对手的窘境。这也是销售商品到大城市的生意模式必须面对的课题。除了持续加强与顾客联结、提升技术特殊性，找出一种能顺利回收商品（如无法使用的不靠电力运作的古董）的方式也很重要，但也必须留意不要让库存拖垮生意。如果以上几点能取得一个好的平衡，就能成为可持续发展的好生意。

原则 35　提升技术特殊性，与特定少数顾客维持有互动的联结。

推动人们去地方乡镇工作

有统计数据显示：有八成大城市上班族向往脱离上班族的生活。这些人中，有一半向往乡村生活。而现实里，脱离上班族，然后又去乡村生活的人并不多。这就好比，有很多女性想要减肥，可真正减肥成功的人并不多。

所以，如果能够缩小这种落差，不但有促进社会向共生型、地方乡镇型转变的社会性意义，而且这件事本身也有发展成为事业的可能。让我们想一想，如何将"向往乡村生活的人"视为"顾客可以想出来的生意"。首先，我们需要按不同阶段将顾客具体分类。

第一阶段：只是向往而已——偶尔买几本介绍乡村生活的书来看。

第二阶段：开始摸索——查看土地和房舍的相关资讯，实地考察。

第三阶段：开始有确定的想法——确定要在乡村做的工作和住处。

第四阶段：开始准备——买土地。

第五阶段：付诸行动——搬家。

这五个阶段，既分别代表不同的顾客群，也是从向往到实现的必经阶段。也可以说，推动人们从大城市流动到地方乡镇，是促进人们从下层阶段往上一阶段提升。可不同阶段间都有很大的障碍，要往上跳，并不是那么容易。

所以，可以再换个角度看，要让顾客往上一个阶段提升，就要降低障碍。降低障碍这件事本身，似乎是一个好主意。

原则 36　思考能降低乡村生活障碍的工作。

自建别墅村

以自建别墅村为例。事实上,这应该是非电化工房不久后就能实行的生意模式。第一步,要以几乎等同于免费的形式获得一片美丽森林的使用权。最开始兴建 10 间别墅。每间大约为 20 平方米,附生态厕所。此外大家共有一间厨房兼餐厅(20 平方米),以及咖啡厅(10 平方米)。每间别墅虽然是由屋主自建,但其他 9 间的屋主会以志愿工身份协助。厨房兼餐厅及咖啡厅则是在盖好 10 间别墅后,由 10 位屋主一起建造。所有土地、材料、工具和专业知识,由经营这项事业的人提供。各屋主则支付经营者 150 万日元。也就是说,只需出 150 万日元,就能成为位于美丽森林中漂亮别墅的屋主以及餐厅、咖啡厅的共同拥有者。

共同建造别墅的过程中,10 间别墅的屋主可能会变成朋友,虽然也可能产生矛盾,但由于参加过共同作业的人都赞成这个概念,彼此成为朋友的可能性更大一些。

盖好房子需要很久的时间,但事业经营者和屋主都不可焦虑。因此,就不能是借钱来做,也不能是为生计苦恼的状态。此外,也别忘记持续营造出愉快体验,以避免厌倦。这三点是慢设计(slow design)的必要条件。

原则 37　慢设计的三个重点：①不贷款；②不能是为生计所苦恼的状态；③要持续有愉快的体验。

这样盖好了 10 间别墅后，接着是开始兴建第二期的 10 间别墅，第一期的屋主开始他们的别墅生活。虽然偶尔来别墅住一住、泡个温泉也不错，但会自己盖别墅的人本来就比较有好奇心，光是泡个温泉无法满足他们。而且他们难得能和其他屋主成为朋友，也希望还能一起做些什么事。所以，事业经营者如果能组织大家一起做好事，愉快地赚钱，或是一起从事自己生产燃料和食物的活动，这些屋主愿意参加的可能性非常大。

原则 38　把一起做好事，愉快地赚钱当作嗜好。

假设，一个地方具备以下条件：有人开始做能够愉快赚钱的好事，也能享受到优美的自然风景、温暖的人际关系、能够赚钱的愉快工作、富有情趣的文化。那么，你也会想常住下来。这时，事业经营者可以用便宜的价格为他提供能永远定居的土地。至于想永远定居的家，自然也要自己盖。只要有便宜的土地、自建的技术，以及同伴这三个要素，就算不贷款，也能盖好房子。前文说到的，想让人永远定居一个地方的四个条件再加上房子，就完全符合了让人安心满意、永远定居的五个条件。

原则39　让人安心满意、永远定居的五个条件：①优美的自然风景；②温暖的人际关系；③可赚钱的愉快工作；④富有情趣的文化；⑤房子。

如此一来，或许能打造出一个既有别墅屋主，也有定居者及经营事业者的村子。或许这个想法并不容易实现。想法的方向虽然清楚，但不应勉强，而是顺其自然——这个概念和最近出现的工作坊类似。以前的工作坊，都是最初就有目标，在确定目标和计划后，再召集一群人一起行动。而新形态的工作坊则是集合感受相同的人，在漫无目的的活动中，慢慢确立目标，并且不会过度去掌控。这种形态和竞逐速度的逻辑相反，不适合竞争社会。由于非常自由，并不会有"之后再后悔"的危险。这个"自由且无风险"的特质是它受到共生派人士喜爱的原因。

原则40　方向清楚，却不用勉强，顺其自然。

用这种方式建构村落，正是生态村的概念。由于是顺其自然，最后真正成为生态村的可能性很低，可就算达不到也无妨。有很多生态村都是按照蓝图建设，聚焦永久定居者，虽然可实现性极高，但感觉有点儿陈旧。对推动生态村的主事者而言，经济风险较高，至于居民，面临的问题则是实际感受到的人际互动和想象之间非常可能有落差。

一定要有同伴

想要在地方乡镇创造工作条件或是愉快生活,都必须有同伴。同伴不一定只限住在同一乡镇的人,就算分散在全国各地或世界各地也无妨。也可以说,理想状态上,同伴应该均衡分布在同一乡镇、全国及全世界。

为什么必须有同伴,应该不需要多加说明,总之是可以:①为自己带来勇气;②从他们身上得到灵感;③一起工作。

原则 41　一定要有同伴。

愉快才是主题

我这个年代的人过得轰轰烈烈，经历了安保抗争[1]、公害抗争等运动，感觉我们年轻时一直在示威抗议的人群中挥舞着旗子打先锋。其实这只是自我感觉良好，在这种状况下，将自己逼到精疲力竭。只是高谈阔论，极度自我陶醉，但并不从容。因为不从容，所以产生攻击性，到头来只是变得孤独，感到挫折。这样的事好像一直在发生。过了30年这种人生后，我只得到一个教训：人喜欢做的不是正确的事，而是感到愉快的事。

我或许可以找借口说，因为那个时代民主和资讯还没那么发达，但这个借口现在已经不适用。核心问题并不是正确与否，而是愉快与否——我觉得这比较聪明。愉快地做好的事，谁都能参与。"高谈阔论"的事，就交给大叔。好事、小事就由大家一起开心参与。事情越小越好，这样就能马上着手，谁也不会反对，也容易看到结果。有结果就更易普及，会有更多的人采取同样的行动，这样或许就能改变社会——毕竟信息革命已经发

---

[1] 安保抗争，指的是日本民间对于签订《日美安全保障条约》（简称《安保条约》）的不满而引发的社会运动。发生时间为1955年至1960年，以及1970年。

生了。

"愉快才是主题。"——请牢记这一点。

原则 42　愉快才是主题。

地方创意人

有魅力的地区能够吸引人，人口增加，工作也会变多；工作变多之后，又能聚集更多的人，这样良性循环下去，像是本地产销这样的地域循环型经济也会发生。如大分县的汤布院町、大分县的竹田市、枥木县的益子町、高知县的马路村、三重县的久居市、岩手县的葛卷町、和歌山县田边市的秋津地区、岛根县的瑞穗町、冲绳县的竹富町、富山县的舟桥村等。总之，已经形成良性循环的地区不少。这些都是跳脱惯性思维，展现出创意的地区。

思维指的是在某个框架下看事情、想事情的方式。爱因斯坦说过："不可能以产生问题的思维来解决该问题。"的确如此。导致一个地区产生恶性循环（缺乏工作机会，导致人口减少，人口减少又让工作变得更少）的思维，也就是认为地方乡镇就是要在中央集权型、成长型的体系下，以一直以来的定位生存。而公共事业、辅助金、吸引企业进驻、观光、特产这五项一套的做法，就是主要的行为模式。一个地区能否形成良性循环，关键就在于能否打破这种思维发挥创意。

英文中的"creative"意指有创意的，或者有创意的人。顺带一说，美国最近常提到的"CCs"一词，意指文化创意人

（Culture Creatives），也就是创造文化的人。事实上，日本目前出现的创意乡镇，其共同特征就是由文化创意人带头创造出文化。文化创意人不只创造文化，也有意识地创造出工作和联结新社群。也就是说，文化创意人率先从创造文化的角度切入，将周围的人、事、物也一起拉进来，形成良性循环。将这些带头创造乡镇文化的人，称为"LCs"，或者是"地方创意人"（Local Creatives）如何？大分县汤布院町的中谷健太郎、栃木县益子町的马场浩史、栃木县那须盐原市的菊池省三、栃木县宇都宫市的柏崎健次、栃木县日光市的小坂宪正、栃木县马头町（现为那珂川町）的桦岛弘文、群岛县嬬恋村的大野克美、长野县根羽村的小木增亮一、熊本县小国町的波多野毅、冲绳县西表岛的石垣金星、岛根县海士町的尾野宽明、北海道浦幌町的近江正隆、福岛县三岛町的远藤由美子等，都是有领导能力的地方创意人，他们充满活力又体贴。

即使没有具有领导能力的地方创意人，地方乡镇也可能在有创意的经营环境下形成良性循环。像高知县马路村、和歌山县田边市的秋津地区、宫崎县日之影町、大分县竹田市，都是非常有创意的地区，也形成了良性循环，但并没有所谓的领袖，根本原因是这些地区有在地社群。它们是以集团方式推动创意活动的例子。也可以说这些社群是集团式的地方创意人推动的。

创意经营地区的切入点，不一定非得是文化。例如，从转型城镇或发行区域货币等着手，然后发展出不那么紧密的社群，再因此产生工作，这种形态也不错。以环保作为出发点也不错。像从保护郊山这种环保的非营利组织活动开始，然后发展出生态村的社群，这种模式也很有趣。另外，也有直接以创造工作为切入点的模式。

总而言之，切入点可以是文化，也可以是环保、工作或社群，四者之一都可。重点是要将这四者联结起来，形成良性循环。如果光停在文化或生态上，就无法形成好的循环。

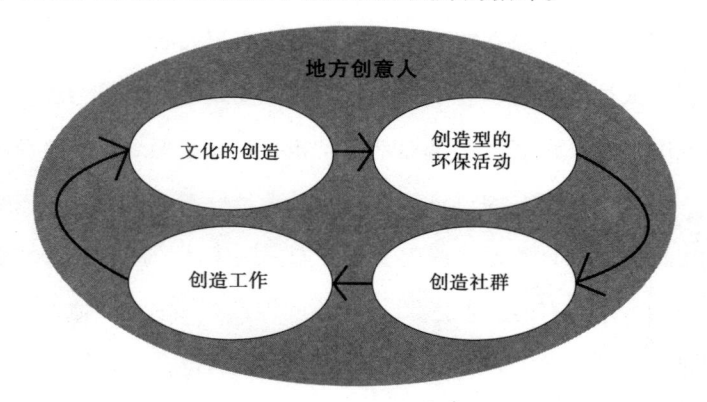

```
                    地方创意人
        ┌─────────────┐    ┌─────────────┐
        │  文化的创造  │ →  │  创造型的    │
        │             │    │  环保活动    │
        └─────────────┘    └─────────────┘
              ↑                    ↓
        ┌─────────────┐    ┌─────────────┐
        │  创造工作    │ ←  │  创造社群    │
        └─────────────┘    └─────────────┘
```

以环保作为切入点时，若只有保护郊山的活动，其实有点儿不够，最好是更具创造性的活动。如果能够在当地创造出工作的机会就更好了。这样既能形成积极的气氛，也会吸引远方的人，也就可能产生由不同地区、不同立场、不同文化的人所构成的社群。这个社群是多元的、自由的、能连接到未来的社群，并不是工商团体或观光协会之类的社群（它们可以称为社群吗？）。能否创造出这样的社群，绝对是在一个地区形成良性循环的重要条件之一。反之，封闭的、令人感到处处受限的社群，只会让人逃离。

把建立社群当作切入点，但必须注意，可能会变得像校庆活动一般。校庆活动的氛围虽然很愉快，但毕竟只是自我满足的一个场域。据说，日本有632个地区有区域货币，我认为非常棒，但如果能从发行区域货币开始形成社群，再不断创造出工作机会的话，就更好了。生态村和转型城镇看起来也有形成风潮的可能性。这固然很好，可如果没有创造工作机会的功能，就会变成只是有钱人的封闭社会。

现已有各种以女性和年轻人为主体的相关活动在举办。如"百万人烛光之夜"这个活动。2003年夏天举行了第一届。从当天晚上8点到10点，参加者关掉电灯，点起蜡烛，进行与地球、和平、爱相关的讨论。这一天，光是日本就有500万人参加（根据《每日新闻》调查）。再如，地球日。4月22日地球日当天，全球有两亿人在5000个不同地点参加活动，他们的共识是要保护地球。许多人怀疑前人做的事，觉得不太对劲，然后，又将这种疑问转换成觉得必须做些什么的迫切心情，而现在，已经超越了这种迫切心情，化为行动。有数据表明，光是日本，就有265万人隶属各种团体，从事与环保相关的运动。这样的运动应该确实能推动社会改变吧。结合这样的运动，也是创意经营地域、形成良性循环的关键之一吧。

原则43 文化、环保、工作、社群，是能让地区形成良性循环的四个创意角度。

第四章

不需要电力能源和金钱也能实现的富足

那须的非电化工房

在 2007 年夏天，我搬到栃木县的那须町，只因我想在这里建造一个名为"非电化工房"的小小主题乐园。我希望很多人来参观后，能对两件事感到惊奇：一是不使用电力能源和金钱也能实现富足；二是原来有那么多自己能做到的事情。

现在盖好的非电化工房，大概只呈现出我 30% 的构想，若是全部盖好，可能要到我的生命快走到终点时吧。所以我就限定了一个时间开幕，至今已有 3000 人左右来此参观。有钱的人看了吃惊，没钱的人看了也很吃惊。有人很开心地说，他们在参观后有了勇气。

▲非电化工房的工作室

文科毕业的妈妈制作不插电冰箱

参观者来到这里所看到的都是不用电力能源和钱,自己就能动手做的东西。例如不插电冰箱。参加不插电冰箱工作坊的人,是文科毕业的妈妈及她们上小学的孩子,其中也有理工科毕业的爸爸。在讲师的指导下,他们花一天时间做出不插电冰箱,然后带回家。材料费、午餐费、接送费等林林总总加起来,参加一次的费用是3万日元。

我会对参加者说:"你们在这里学到专业知识后,请由你们开办工作坊传授给其他人。"接着,我告诉他们我的想法:"这

▲在工作坊中制作不插电冰箱

次参加的20人中，如果有5个人分别开办有20位参加者的工作坊，然后每20个人中又有5个人开办有20位参加者的工作坊。这样的循环重复5次后，就会产生大约1.6万台自制的不插电冰箱。重复10次，就能有大约50万台自制的不插电冰箱。"也许这可能只是我的数字游戏，在现实中不可能成真。

企业制造产品，使用者购买产品，我并不否定这种方式，但只有这种选项也太可惜了。众人不妨一起愉快地动手做出自己就能做的东西，也能扩大人际互动的范围。我觉得有这种选项也很不错。

20万日元盖出不用电的稻壳屋

在2009年10月的"土地与和平"的祭典上,我曾夸下海口:"在拥有同伴、时间和体力的情况下,就能以接近免费的低廉成本盖出漂亮、坚固,住起来健康,又不需使用电力能源的房子。"

我这么说是因为有很多年轻人没钱、没房,也没有幸福生活,从而失去希望。我还补充说明:"明天就开始吧。我说的事能不能做到,希望你们自己来看。如果真能做到,各位都能产生勇气吧。因为你们虽然没什么钱,但有很多同伴、时间和体力。"说完,300位左右的参加者纷纷拍手。

我请他们来参观的房子,名为"不用电的稻壳屋",由4个住在非电化工房的学员所建。他们两个月前刚刚成为我的学员,都是没有木工经验的年轻人。屋子的设计由建筑师不破博协助,他也是我的学员之一。屋子所采用的隔热材料是免费取得的稻壳。屋子内外墙使用的是工房所在区域的土壤。由于是使用组合三角形板子的"圆顶屋"手法来盖,所以就算不是由内行人来做,房子的坚固程度也没有问题。

不需要使用电力能源,是由于室内环境很舒适、健康。因此,不需在冷气、暖气、换气、调整湿度上耗费电力能源。房子除了以稻壳隔热，也使用了几项不需用电的技术，如不使用电的换气口，这个换气口只是由尺寸约B5纸大小的板子、4米左右的尼龙绳和8厘米的不锈钢弹簧组合而成。它是利用了尼龙会因湿度伸缩的性质。屋外潮湿时，换气口就会关闭，空气干燥时则会打开。这项装置不需耗费电力，应该能使用50年左右，所花的费用是120日元，制作简单，连小学生都会。有了这个装置，室内就能一直充满新鲜干燥的空气，不需要除湿，也不必担心微生物或尘螨滋生。所以，住在这房子里的孩子应该很难有过敏问题。

几年前，市面上销售过电动式的自动开关换气口。那是由感应器、微电脑和驱动器组成的高科技产品，应该要好几万日元。为了让使用电力的感应器测量湿度，必须一直开着。这种产品很难使用5年以上。

这个不用电的稻壳屋用4个星期就建成了。材料费约为20万日元，由我的4个没有木工经验的学员所建。后来扩大为工作坊的形式，大约有70个人参加，因为是很多人一起学习建造那样的房屋，进度比自建时候慢了一周，一间房子变成4个人要盖5周。房子盖好一年后，即使正值酷暑，屋内依旧凉爽。寒冬时节，只要点个柴火暖炉，就能保持室内温暖。即使是漫长的梅雨季，屋内也不会发霉。至今有超过1000人来参观过这个稻壳屋，其中还包括建筑专业人士，这些人无一例外地都深感佩服。所以，我觉得我们做到了以接近免费的低廉成本，盖出了漂亮、坚固，住起来舒适、健康，又不需使用电力能源的房子。

▲不用电的稻壳屋（非电化工房内）

▲不用电的稻壳屋内部

▲不用电的换气口

15万日元盖出不用电的小澡堂

　　这间小澡堂是我让住在工作坊里的学员盖的。与盖稻壳屋时不同，住在工作坊的学员变成3人，而且他们也比较熟悉木工的工作了。为了让他们学习设计，我先请他们自己花3小时设计，我再确认。这个独立小澡堂面积为7平方米左右。由于安全采用木造框组壁构法（又称2×4工法），即使不是专家盖的也不会有安全上的问题。面积在10平方米以下，也不需要申请建筑许可。

　　这个澡堂使用太阳能热水器。没有日照时，就以柴火或垃圾作为燃料。偶尔必须使用柴火来烧洗澡水，但这种用量的柴火在地方乡镇可免费取得，也就是说，这个澡堂使用的燃料费为零。建澡堂的费用是15万日元。若正常购买的话，光是太阳能热水器就要50万~70万日元，传统的铁制澡盆价格为20万日元，装设的工程费要50万日元，管线工程费为30万日元……估计下来，全部做好要380万日元，但我们的小澡堂只需要15万日元。

　　这个不用电的小澡堂，由我的3个学员花费3周时间完成。太阳能热水器，是用从五金大卖场购置的材料做成的。澡盆则是找来的破旧的二手货加以修复。澡盆的设置、储水槽的制作、贴瓷砖、管线工程……全是由非专家的学员完成的。由于他们完全是门外汉，我得从头教他们技术，所以在完成澡堂的3个星期里，也包括了教学时间。做好的澡堂，如照片所示。有日照时，靠太阳能，一天就能加热2次洗澡水。

▲不用电的小澡堂

▲不用电的小澡堂内部

15万日元盖出不用电的简易型民宿

简易型民宿只提供住宿和早餐,虽然日本不太流行,但欧美从很早以前就开始流行,多数都是屋主依照个人喜好盖了房子后整栋出租。比起一流饭店,我更偏好找各种简易民宿来住,因为它们更有个性,能成为旅行中的美好回忆。

2002年9月开始,我新增了4名学员,他们的第一个工作就是盖出不使用电的草砖房。

这几个学员中,有一位是21岁的女大学生,其他3个人是30~32岁的男性。4个人都完全没有木工经验。这4位门外汉需要盖的是非常棒、不使用电的草砖房民宿。为什么是非常棒的民宿?因为这样才会有人来住。建造周期为一个月,预算为15万日元。这样的计划虽然一般来说不可能,但还是有做到的可能性。让我们试试看就知道了。

草砖房是用干草砖堆砌墙的房子。干草砖则是由干草制成的砖块,厚约30厘米。稻草、麦草、芒草都可以,只要用力压缩绑好形成草砖。干草砖砌成墙后,墙的内外两侧都涂上厚厚的土,表面再涂上灰泥或矽藻土做最后的修饰。整个墙的厚度为40~60厘米,所以冬暖夏凉。这是草砖房的第二个特色。

而第一个特色就是可以像童话故事中的房子一样漂亮。此外，墙壁很厚，做曲面时无论做凸面还是凹面都可以。而且房子使用的干草和泥土都是来自当地的自然材料，住在里头也觉得很舒服，这便是第三个特色。

我们盖草砖房，几乎都是以聚集很多人的工作坊形式进行的。放下头衔、得失、规范一起工作，大家都很开心，抹土的工作尤其让人乐在其中。而且原本不认识的人，一起工作几小时后都成了朋友。

经过尝试，我们成功盖出了草砖房民宿。它是一栋六角形建筑，墙壁由干草砖、泥土和灰泥构成，地板和屋顶使用稻壳隔热，屋顶铺有茅草，室内面积约为14平方米。六角形的屋内，有四面墙的墙边砌有用干草砖、泥土和灰泥做成的长椅兼床铺。包括阁楼，屋内可睡5个人。5平方米左右的阳台可俯瞰池塘。我认为，这间民宿真的做得非常棒，那是因为有同伴、时间、体力和一点点技术。

▲不用电的民宿

▲不用电的民宿入口

▲不用电的民宿室内

10万日元盖出不用电的生态厕所

环保人士非常喜欢生态厕所,他们认为,用珍贵的水冲掉能作为可用资源的粪便,让人有罪恶感。他们知道,即使用水冲掉,还得运送到很远的处理厂进行处理。生态厕所则是由微生物将粪便转化成肥料。但生态厕所在日本的普及率非常低,全日本使用生态厕所的一般家庭仅有百户左右。

生态厕所在日本不普遍的原因有很多。比如天气寒冷时,微生物无法充分活动,所以要使用电热器加热混有粪便的土壤。再者,不充分搅拌,微生物就无法发挥作用,而搅拌工程也需要靠电动马达。但环保人士排斥用电。要将混着分解后粪便的土运至堆肥厂,这让有洁癖的日本人心生抗拒。而且尿液中含有微生物讨厌的成分,所以粪便和尿液最好分别处理,但日本人没有分开处理。此外,还有诸多原因,导致生态厕所在日本无法普遍。

而我们的生态厕所是将太阳能储存下来,以便气候寒冷时能使微生物充分活动,要做到这点并不困难。这个装置在冬天低至 -40℃的蒙古国也运行良好,因此在日本应该不会有问题。便器如果有前后区隔,尿液和粪便也就不会混在一起。即使粪便中混有微量尿液，也不需处理。而要以手动方式搅拌粪便与土壤也很简单。如果分解槽是直接装在运送至堆肥厂的车子上，那么，只要开车运送过去即可，就算是有洁癖的日本人也不会觉得不舒服。

所以，在日本我们也能建造出不使用电且较舒适的生态厕所。我的学员是花3个星期就建好了这间生态厕所，成本是10万日元。

▲不用电的生态厕所（非电化工房内）

15万日元盖出不用电的温室

我住的那须町冬天非常寒冷。主屋前的池塘从12月到来年2月的3个月内,每晚都会结冰。从12月到来年4月的5个月里,每天都得持续烧柴火暖炉取暖。所以,这里可种蔬菜的季节只有5月到11月,共7个月。要说这里的农家从12月到来年4月的5个月中在做什么,那就是在放松地玩。

那么,我就不使用电力能源,也不多花钱,在冬天的那须高原上种出蔬菜吧!于是,我借着这股劲儿规划出了不使用电的温室。地板和墙壁的隔热材料,同样使用可免费取得的稻壳。南侧墙壁的上方和天花板,则使用两块玻璃和聚碳酸酯的塑料瓦楞板组合起来。这种方式,阳光虽然能照射进来,但可隔绝红外线,也不会让热传导进来,这也是重点之一。红外线若是进来,就会产生辐射冷却效应,使室内温度降低,即使热能传导进来,室内温度还是一样低。南侧外墙的下方和北侧内墙的表面,都贴上容易吸收阳光的黑色的镀锌铁板。黑色的镀锌铁板内侧放入特殊的蓄热材。这种蓄热材称为潜热蓄热材,40℃以上会变成液体,40℃以下则为固体,既能储存太阳能,也能将储存的热能释放出来,让空间维持大约40℃的温度。因此,即使是冬天，也能不靠电池和石油产生热能。

这个不用电的温室，是由我的3位学员用3个星期盖好的。设计的部分，则是我花2个小时完成的。我并不是专业建筑师，但由于这个温室是使用框组壁工法，做法简单。花费的成本约为15万日元。由于温室都是双层玻璃窗。光是玻璃就要5万日元左右。如果使用别人不要的玻璃，整套窗户应该10万日元即可搞定。

▲不用电的温室

▲不用电的温室内部

驹之根市的道格拉斯·菲尔

请先看下面的照片，这是发明家及生态学家道格拉斯·菲尔（Douglas Fir）自建自住的树屋。所在地是长野县驹之根市东伊那。谈到树屋，年长者应该会联想到童年时代的秘密基地吧。但道格拉斯的树屋是两室一厅，有餐厅、有厨房的正统住宅。由于地板大约离地2米，所以不必担心地板下的湿气和白蚁。

▲道格拉斯·菲尔的树屋

打开窗就会有凉风，也能听见鸟鸣，这是可以与自然融为一体的住宅。

树屋位于驹之根的山麓，夏天凉爽且通风良好，完全不需要冷气。冬天取暖及烧洗澡水是使用柴火，而不用电暖气。树屋使用的电器有电视、电脑、收音机、照明设备、汲水泵等。所需的电力用太阳能电池和小型风力发电装置就足以供应。发电量为0.3千瓦左右，没有另外接电。道格拉斯是太阳能电池和风力发电装置的专家，这对他来说非常简单。

取水则是储存雨水，循环利用。净水是使用道格拉斯擅长的自制生态过滤器。过滤器主要使

▲树屋的入口

▲生态过滤器

用藻类和水草。树屋本身由他自己花一年时间设计，然后由2个人利用52个周末完成的。完全是自己动手盖的非电化住宅。

为什么一个美国人要住在驹之根的树上？任何人都会感到好奇。道格拉斯1951年出生于美国华盛顿，在加州大学学习环境工程及艺术设计，取得艺术疗法的硕士学位后，却开始研究东方医学，是个很特别的人。

20多年前，道格拉斯为了帮日本企业开发太阳能系统，来到长野县驹之根住了一段时间，后来喜欢上这个地方，决定将此作为居住点。他以环境工程师的身份开发风力发电及臭氧杀菌装置等，同时还成立了大地管家协会（Earth Steward Institute，ESI），培养能够身体力行改善地球环境的人才。

大地管家协会是日本认可的非营利组织。该组织以大学学历者为主要成员，提供特殊的环境教育。例如：生产柴油燃料的课程，是学习及实践如何将炸过食物的油变成柴油及甘油香皂，甚至还以自制的节能柴油作为卡车燃料；以夯土（rammed earth）制作餐厅墙壁的课程，则是让学员用不同方法完成餐厅的几面墙；创造对环境友善的房子这个课程，则是学习及实践使用植物处理排水的方法，比如利用藻类及其他植物处理厨房排水。

道格拉斯虽然以驹之根为居住点，但活动范围并不局限于日本。每年的冬天，他都会待在地处喜马拉雅山脉的一个尼泊尔村庄塔托帕尼（Tatopani）。这个村庄海拔1200米。你可能会觉得这个村庄很冷,但据说比驹之根温暖。

道格拉斯10多年前去过这个小村庄,非常喜欢。5年前,他在这个地方成立了非政府组织永续社群设计中心(Sustainable Community Design Center,SCDC)。目的虽然和驹之根的大地管家协会相同,但它在已形成的社会和科学技术的庞大基础中导入更简单适当的技术,是为了让大家过更好的生活。

SCDC希望当地居民能在过着节俭的传统生活之际,也能有电力和电器用,接受更好的教育,住更好的房子,并利用自然农法的优点,发展出这种以家庭为单位的社会架构。

这个组织进行的活动非常特别,比如厕所计划。几年前,在村内扩建学校时,道格拉斯和校方约定,如果学校确实能做好校园及教室的清洁工作,他就提供厕所的设计和建造资金。

道格拉斯设计的3座厕所中的便器和男用小便斗,都是很简单的装置,排泄物从各个厕所的U形管,输送到化粪池。

▲ 生态厕所

化粪池的内部还有更特别的地方：在水槽装满水之前，开了孔的水管会沉入底部，以便将空气输送到水槽。在放入小石头的水管沉入之后，会有500个切成环状的宝特瓶浮出水面。学校员工每周要花5分钟将空气输送到水槽。

发明家道格拉斯及其夫人美知女士，住在日本的驹之根和尼泊尔的塔托帕尼这两片他们最爱的土地上，并从心底愉快地培育大地管家（关照地球的人）。我真的很敬佩他们。

▲道格拉斯·菲尔夫妇

佐贺县三濑村的小野寺睦先生

小野寺睦在东京出生长大,后任职于东京某大广告公司,是一位很成功的业务员。但此时,他也开始对大城市的生活及竞争社会产生质疑。趁着任职于九州分公司的机会,周末他会和太太亚希前往佐贺县三濑村,种植蔬菜和稻米。小野寺睦夫妇在美好的自然环境及温暖的人际关系下发现投身于农业生活的价值。1999年,小野寺睦31岁,他离开公司,在三濑村的森林中开设了名为"旅之木"的农场。

务农不赚钱,生活又辛苦,还会影响夫妻关系……但这种常见的事情并没有发生在小野寺睦夫妇身上。他们以务农为生,充分享受生活,夫妻关系和睦,两个小孩子也很健康。两人还参与了许多社会活动,受到大家的喜爱。总之,他们过得非常幸福。

小野寺睦先生的幸福有几个秘诀,第一个秘诀是夫妻和睦。

小野寺睦夫妇还住在东京时,两人就都是想过农村生活的人。这种例子意外地少见。如果丈夫是只用脑子想的乡村派,妻子是大城市派,一旦到乡村生活,就会陷入先生不切实际、太太心生不满的严重冲突中。另外也有虽然夫妻俩适应乡村文化,但小孩子却不适应的状况。文化不是一朝一夕可以改变的,

▲小野寺睦一家

要花时间好好改变家庭的文化,这点很重要。

第二个秘诀是与其他人的关系和睦。小野寺睦夫妇性格都很好,他们搬到只有18户人家的三濑村后,受到当地人的热烈欢迎。当地人像家人般在租借土地和务农上给予他们帮助。小野寺睦夫妇也和佐贺县及福冈市一些市民团体关系很好,并参与社会活动,受到了众人的喜欢。他们的朋友会在他的水田需要插秧及收割时动员所有人来帮忙。

第三个秘诀是以养鸡作为主要经济来源。他们不用工厂般的格子笼圈养,而是完全用自然的平饲法养鸡,共养了500只。他们做的并不是"月入3万日元的生意",所以养得多,也喂鸡吃好饲料,让它们充分运动。而且鸡粪也全部做成肥料。小野寺睦家生产的鸡蛋品质非常好,福冈市有很多人抢着购买,虽然有一点儿贵却并没有人在意。

第四个秘诀就是完全由自己动手完成所有的东西：他们的房子、鸡舍，是一位朋友帮忙盖的；孩子穿的衣服是小野寺睦太太自己缝制的；蔬菜和谷物也是自家种的。日常支出很少，所以收入少点儿也没事，光是将500只鸡生产的鸡蛋卖给朋友，就足以负担了。因为生活从容，他们还尝试以制作竹炭作为农闲时的生意，还成立了"三濑村慢食会"。

小野寺睦先生的梦想，是让"旅之木"成为让许多人休息、学习、互相联结的地方。我也由衷地祝愿他们幸福。

巴拉圭竖琴演奏家仓品真希子

　　建立人与人之间有生命的联结,是巴拉圭竖琴(Paraguayan harp)演奏家仓品真希子的新尝试。仓品小姐会去各地有机农家演奏巴拉圭竖琴,农家会以有机蔬菜和谷物当作谢礼。仓品小姐不光与家人一起分享收到的蔬菜,在大城市举行演奏会时以便宜的价格与听众分享这些蔬菜,还不忘介绍蔬菜的生产者。借由音乐会与有机蔬菜,有机农家、演奏家和听众形成了一种有生命的联结。

　　仓品小姐因为一件亲身经历的事情,才想到了有机演奏会这种形式。数年前,她的身体状况并不是很好,手指甚至无法动弹。这对演奏家而言无疑是致命的。当病情加重,医生也束

▲巴拉圭竖琴演奏家仓品小姐

手无策之时，她突然想到问题的根源也许是自己的不良饮食习惯。在改吃有机蔬菜和无添加食品不久后，身体就恢复了正常。这让她体悟到大城市的人饮食状态并不健康，并同时思考自身作为一个演奏家应该如何去改变这件事。于是，她想到了有机演奏会的形式。活动规模虽小，带给人的启发却很大。

福岛县川内村的大塚爱小姐

大塚爱是自给自足的哲学家,也是铁人。至于原因是什么,我们可以从她的故事中得知。

大塚爱从大学教育系毕业后,并没有马上去当教师,因为她还没有找到能够成为自己理想中教师的方法。她觉得必须扩大视野,于是努力参与残障机构和亚洲非政府组织的义工活动,还进行"遍路"[1]的宗教巡礼,生活费则靠打工获取。在这个过程中,她隐约意识到自己其实是想要在海边或山林中过简单的生活。同时,她灵机一动,有了"希望成为木工"的想法。

可这回她找不到成为木工的方法,于是就想,先从务农入手吧。这种跳跃式的想法很有大塚爱小姐的风格。于是她找到了在福岛县川俣町"群山农场"开设"自给自足学校"的佐藤和夫、幸子夫妻,成为他们的学徒,开始学习务农。在1999年12月,她拜访了福岛县川内村的风见正博。风见是"獏原人村"的村长,他每年8月举办的"满月祭"很出名。大塚爱向风见借了空地,用一天的时间盖出了美洲印第安人的传统帐篷(Teepee)作为

---

[1] 遍路指参拜日本四国地区88个与弘海大师(空海)有渊源的寺院。

住处。獏原人村地处远离人烟的深山内，水、电、天然气都没有。而大塚爱的帐篷周围百米内只住着风见一家人。

大塚爱的下一个工作是从距离百米远的沼泽引水。照明只用石油灯，洗衣服用河水，泡澡用铁桶……自己过上了自给自足的生活。后来住的5平方米小屋也是在没有人帮助的情况下只使用锯子、铁锤和凿子花了一个月盖好的。隔年春天，她开始开垦田地，以便种植稻米和蔬菜等，也养起了鸡。

不久后，大塚爱认识了当地的木工师傅猪狩赖通，并想拜他为师。猪狩问她："你是认真的吗？你能够熬4～6年吗？"大塚爱第一次产生了退却的想法。在一个星期的自问自答后，她说："我要做！"4年后，她迎来了值得庆贺的出师仪式。获得师父给的工具，终于能以木工身份独当一面。

就在她出师的同一时间，她的丈夫尚轩先生也住进了她的小屋。尚轩是一年前在福岛县的演讲中遇见大塚爱并一见钟情的，常常来找她。一年后，大塚爱的新居也完成了。新屋展现了木工的成果，是一座坚固又宽敞的房子。

隔年，大儿子出生。

成为父亲的尚轩是一名建筑师。他从东京某大学毕业后，经过努力，2000年自己在横滨开了建筑事务所。事务所也雇有员工，陆陆续续设计出有现代感的住宅。虽然大城市中的建筑师生活令人感到兴奋，但他也开始意识到自己与大城市格格不入。自己所追求的人生就是这样吗？尚轩开始摸索。不久后，他的方向就从大城市的人工化生活，转向地方乡镇的自然生活。然后，就在福岛县一个名为"新月之木"的演讲中遇见了大塚爱。

他所模糊勾勒出的生活方式，有人正淡然实践着——大塚爱让尚轩受到了很大的鼓舞。于是木工与建筑师的夫妻组合诞生了。

大塚爱生第二个小孩时，暂停了木工的一切工作，以便生产和照顾小孩。现在她又将重回工作岗位。尚轩则是接受委托设计村子的公共建筑。然而，人口仅3000多的川内村并没有那么多的工作机会，而且人口也在渐渐流失。所以，虽然他俩同时在赚钱，收入却很少。

▲大塚爱一家人与自给自足的家（前方是最初的小屋，后方是新居）

▲自己做的太阳能热水器和小浴室

▲最初住的小屋

▲大塚爱的太阳能发电板

即使收入少，也不影响夫妻二人的幸福生活。房子自己盖的，粮食和使用的能源是自己生产的，衣服都是大塚爱巧手缝制的。房子边有清澈的河水，可以钓到美味的岩鱼。生活在大自然中本就很愉快，也就不需要什么娱乐项目。所以他们的支出同样很少。

大塚爱夫妻想要将"自给自足之道"传授给后辈，因为他们认为，这才是真正像人的生活方式。学习"愉快地自给自足之道"，技术和哲学都要学习是必然的。之后，会成为"自给自足的道场"或是"自给自足村"……夫妻俩今后的动向也非常值得我们关注。

那须町的奥永先生

那须町有一家顽固的老式面包店,名叫棕山面包店。要问为何说这家店顽固,那就是该店坚持做出"可当成主食吃的面包"。如果是偶尔吃的点心,还能容许有一些人工添加剂,但作为主食就不能含有人工添加剂,因为会在身体里累积。至于梦幻般的甜美滋味,那也是甜点世界的事情。若主食也如此,吃了就会影响身体健康。作为主食的面包也不必有入口即化的柔软口感。淀粉是靠咀嚼时分泌的淀粉酶分解,若是面包柔软到不必咀嚼,反倒麻烦,因为会有未分解的淀粉进入肠道,从而引起消化不良。

所以,这家店的面包不甜且硬,硬到若不仔细咀嚼就咽不下去。正因如此,也只好细细咀嚼,嚼着嚼着就会吃出微甜的滋味。这是淀粉分解后变成糖分的证据。这个甜味是身体经过化学反应产生的甜味。经营者奥永进一郎和奥永牧夫妇很顽固。所以,吃这家店的面包,请不要期待面包像甜点一样好吃,而且需要细嚼慢咽,品尝让身体健康的美味。我很喜欢这个"顽固"的面包。

2010年2月这家店开业,如今粉丝正在慢慢地增加。但因增加缓慢，也没赚什么钱。但夫妻俩很开朗温柔。很多人没钱时会失去开朗温柔，但他们不会，应该是过去的经历造就了他们。

　　进一郎先生大学毕业后进入日本电信电话公司工作。虽然顺利走在出人头地的大道上，但他也开始察觉到为了出人头地会失去的事物。在这样的状况下，某一天，他遇见了天然酵母这家面包店的天然酵母面包。明明吃起来很硬，并不好吃，可是为什么身体会有反应？感觉自己得到了能量？他也因此有了灵感，希望自己的生活方式不是失去，而是给予。于是他干脆地辞职，进入天然酵母面包店当学徒，迟至29岁才开始接触面包制作。奥永牧则是通过另外的途径来到天然酵母面包店。她用大学时赚到的钱前往意大利和美国锻炼自己，然后开了家销售进

▲奥永先生的店

口服装与杂货的公司。公司发展得很顺利，她也成了创业家，但好事多磨，她的身体却在此时出现了状况，是因为太过操劳吧。她仿佛被击垮了，不得不住进了疗养中心。没想到她因此有了不一样的想法。她想过的不是伤害身体的人生，而是让自己和其他人身体变好的人生。恢复后，她开始了摸索之旅。不久后，她在瑞典发现了天然酵母面包，得到了灵感后，她急忙回到日本，进入天然酵母面包店，差不多和进一郎同时成为学徒。

经过为期三年半的严格训练，两人大概学习到了制作天然酵母面包的技巧。于是他们改去某家在日本各地都有分店的连锁面包店学习。因为他们想知道如何合理地制作出美味面包。

▲奥永夫妻

结果，这家店让两人备受冲击，因为他们知道要付出多大的代价，才能换来美味和合理性。比如大量的合成添加物、面包师傅自己的健康等。

"我们要做的不是那种好吃的面包，而是作为食物能带来力量的面包"，他们希望以此信念为基础，实践"不是失去，而是众人一起创造的生活方式"。奥永夫妇两人的哲学就此形成。不过，两人当时虽然对制作面包的技术有信心，但觉得心灵层面的修行尚且不足。为深造，两人远赴美国。

在佛蒙特州冷得快让人冻死的工作坊内，他们从已做了30年天然酵母面包的法国面包师傅身上学习到以面包为"根"生活的人的坚持，以及来自内在的美味。在康涅狄格州的面包店，他们学习到有正面意义的"差不多"。从危地马拉移民的面包师傅身上学习到日本人已然忘却的饥饿精神。

转眼三年就过去了，在心灵修行上得到满足的两人返回日本，想开一家面包店。选择开店的地方是那须町，因为此地和他们在美国时住过、很喜欢的康涅狄格州很像。面包店的店名是棕山面包店。棕山（Brown mountain）是他们在美国辛苦学习时，总是守护着他们的山。它和那须连山看起来很像。接下来，就换那须连山守护他们了。

后　记

　　在我看来，发明家的工作就是在人们有困扰时，为他们制造出解决困扰的东西。因此，哪里出现有困扰的人，我就去哪里。生活不便的人似乎多住在贫穷国家或地区，比如非洲、拉丁美洲等地区，以及日本的乡村地区等。

　　例如非洲的津巴布韦，没有取得自来水的设备，就算挖井也没有水，更没有钱买瓶装水。在学校里，学生和老师都因为用水而烦恼。我送给他们的小礼物，是一个储水装置，这个装置能将雨水储存下来，然后，只要拧开水龙头就能有干净的水。这个装置几乎不用花钱就能自己做出来，而且水中不含杂质。他们也为此感到开心。

　　虽然为别人解决困扰也不错，但我想到了更好的办法，就是将解决问题当成工作。当然不是转化成我的工作，而是当地人的工作。这样既能帮助有烦恼的人，同时也可以创造出工作机会，还能产生持续性。例如蒙古国的游牧民族。由于夏天天气很热，羊肉很快就会坏掉，所以他们对于羊肉的保存很头疼。于是，我想出一个生意模式：让当地创业家以相当于一头羊的价格，制作出不插电冰箱，他们再以两头羊的价格卖给游牧民族。

这个模式让游牧民族和创业家都很高兴。

在这个过程中，我意识到在地方乡镇做好事并愉快赚钱非常重要。地方乡镇由于缺少工作机会，导致人口减少，工作机会也就更少，从而形成恶性循环，也就没有余力解决他人困扰的问题。非洲乡村如此，日本的乡村也是如此。

于是，我思考出在地方乡镇做好事并愉快赚钱的原则，并积极在各地开展培训。在日本，10年内我培训出700位左右的学员，努力创造工作机会，也取得了一定的成绩。这10年的活动也让我有所心得。其中之一是创造工作机会这件事不可看得太重要。工作是几乎能左右一个人一生的重大因素，所以会严肃对待也不奇怪。不过，如果看得太重要，大多数人会觉得风险极高，会因害怕而退缩。于是，我开始思考能否用一种玩游戏的心态来创造工作，由此想出"月入3万日元的生意"这个原则。我积极宣传这个概念，如今也开始慢慢流行。但也有人对这个概念有些误解。再者，有具体结果的例子还很少。我很在意这两点，这也是我写这本书的原因。

交稿时，"创造乡村工作学堂"的第一、第二、第三期学生也陪我进行头脑风暴。住在那须町的年轻人也协助我完成各种商业模式。此书的出版，麻烦晶文社编辑部的仓田晃宏先生甚多。在此致以深深的感谢。

如果这本书能在"通过做好事愉快地赚钱"这点上有帮助，让一些年轻人能重新点燃希望，我会深感荣幸。